PAUL ROUGIER

1826-1901

Paul ROUGIER

1826 - 1901

JEAN-CLAUDE-PAUL

ROUGIER

1826 - 1901

Ces pages sont publiées pour l'anniversaire de la mort de Paul Rougier, décédé il y a un an. Il a paru nécessaire d'attendre cette époque pour les faire paraître afin de pouvoir grouper toutes les manifestations qui se produisirent, soit au moment même de sa mort, soit plus tard dans les assemblées générales des différentes œuvres auxquelles il s'était consacré.

6 Novembre 1902.

LYON

IMPRIMERIE MOUGIN-RUSAND, WALTENER & Cie, Sucrs

3, Rue Stella, 3

1902

JEAN-CLAUDE-PAUL

ROUGIER

(1826-1901)

Jean-Claude-Paul Rougier, né à Lyon, le 16 juin 1826, y est décédé le 6 novembre 1901.

Les sentiments qui ont accueilli de toutes parts la nouvelle de sa mort, ont inspiré aux principaux journaux de Lyon les articles suivants :

La rédaction du *Moniteur Judiciaire* vient d'être cruellement et douloureusement frappée, et, avec nous, le Barreau et l'Université de Lyon. M. Rougier, dont nous admirions la verte et vigoureuse vieillesse, il y a quelques mois à peine, dans le banquet qui lui fut offert pour célébrer le cinquantenaire de sa collaboration au *Moniteur*, s'est éteint, hier, mercredi, après quelques jours, nous pourrions même dire quelques heures de souffrance.

M. Rougier meurt dans sa 76e année. Mais l'âge n'avait ni voilé sa lumineuse intelligence, ni affaibli sa prodigieuse activité. Partout où il a passé, il laissera le souvenir de sa valeur, de ses services, de son ardent dévouement à tous les intérêts de la cité et du pays.

Au Barreau, où ses confrères plus jeunes l'entouraient de leur respectueuse affection, M. Rougier était une des physionomies les plus attachantes et les plus caractéristiques de la salle des Pas-Perdus : il représentait une époque, maintenant la tradition et conservant le souvenir de ces « ancêtres » du grand Barreau lyonnais, les Sauzet, les Dattas, les Humblot, les Mathevon, qu'il avait tous connus et dont quelques-uns même étaient ses contemporains et ses amis.

A la Faculté de droit, l'Economie politique libérale, celle dont les principes ont fait la prospérité de notre pays, n'avait pas de défenseur plus ardent et plus enthousiaste.

M. Rougier avait foi dans la liberté, dans l'initiative individuelle, dans les idées morales et religieuses, pour résoudre les problèmes douloureux de la misère, de l'invalidité, de la vieillesse. Et, certes, il a montré, par son exemple, de quelle utilité, de quelle efficacité peut être, dans un milieu social donné, l'action morale inlassable d'un homme et d'un chrétien. Tous ceux auxquels il s'est dévoué, tous les déshérités de ce monde dont il s'était fait le soutien, tous les pauvres qu'il a aidés, réconfortés, assistés, tous l'ont vu, pendant de longues années, porter l'écrasant fardeau des Œuvres lyonnaises, les plus belles et les plus touchantes, tous l'ont vu ne jamais plier, grâce à son infatigable dévouement, secondé par une extraordinaire puissance de travail.

Il se repose pour la première fois, après une vie longue de jours et riche d'œuvres.

Que sa famille, qui perd un chef respecté, reçoive ici l'expression de notre cordiale et douloureuse sympathie !

Le *Moniteur Judiciaire*, journal de Lyon, n° du 7 novembre 1901.

C'est avec une poignante émotion et un profond étonnement que le monde universitaire et judiciaire, apprenait ce matin la nouvelle douloureuse de la mort de M. Paul Rougier, l'un des doyens de notre Barreau et le titulaire de la chaire d'Economie politique de la Faculté de droit, qu'il occupait depuis sa fondation.

Il y a huit jours à peine, il donnait encore à la salle des Pas-Perdus du Palais de Justice la note joyeuse de sa conversation vive et enjouée et samedi, dans la soirée, il présidait encore, avec son activité et son dévouement habituels, la séance de la commission de l'hospice de Saint-Alban.

En quarante-huit heures une congestion pulmonaire a terrassé ce beau vieillard de soixante-quinze ans, dont chacun aimait le caractère si égal et l'aménité si constante, dont chacun admirait et aimait l'inlassable activité, et dont la vie si pleine d'études, de travaux, de bien accompli avec passion peut être offerte en exemple à tous.

Des voix plus éloquentes, plus autorisées que la nôtre diront ce qu'a été le jurisconsulte qui a passé au Palais plus de cinquante années et collaboré pendant ce long espace de temps au *Moniteur Judiciaire* et à la *Jurisprudence de la Cour de Lyon*. D'autres rappelleront combien le professeur a aimé la jeunesse studieuse et diront à quel point il était épris de cette économie politique qui formait la matière de ses leçons.

D'autres encore feront un éloge mérité du président de l'Académie des sciences, arts et belles-lettres de Lyon, vers laquelle se tournèrent ses dernières pensées, puisque la mort l'a frappé au moment où il rédigeait un rapport sur les prix qu'elle décerne annuellement.

A d'autres, enfin, reviendra le pieux devoir d'énumérer et de décrire les œuvres innombrables où la charité revêt toutes ses formes, depuis la mutualité jusqu'au dispensaire, et essaie de parer aux misères sociales ou de les adoucir.

Qu'il nous soit permis aujourd'hui de nous incliner respectueusement devant une belle et noble figure lyonnaise qui disparaît, de donner, au nom du *Salut Public*, un témoignage de profonde sympathie à la famille qui perd un chef respecté, à M. le docteur Rougier, à M. P. Rougier, ses fils, à M. le professeur Garraud, son gendre.

Quoique foudroyante, la mort de M. Rougier n'a pas surpris ce sage et ce chrétien qui laisse un si noble exemple aux siens et dont la mémoire vivra dans les affectueux souvenirs de tous ceux qui l'ont connu et aimé.

Les funérailles de M. Rougier auront lieu samedi matin à neuf heures. — B.

Le *Salut Public*, journal de Lyon, n° du 7 novembre 1901.

M. Paul Rougier, avocat à la Cour d'appel et professeur à la Faculté de droit, est décédé mercredi soir, à l'âge de soixante-seize ans, après quelques heures de souffrance.

Ce n'est pas seulement le chef respecté d'une des meilleures et des plus anciennes familles de notre ville qui est ravi à l'affection des siens. Ce n'est point uniquement le jurisconsulte et le praticien, l'érudit et le savant que regretteront ses confrères, ses élèves et ses nombreux amis. C'est surtout l'homme de bien dont la perte sera ressentie par d'innombrables œuvres de charité et d'assistance ; car celui-ci fut pendant un demi-siècle le vivant exemple du travail, de l'honneur et du dévouement.

Le travail était le secret de sa force : M. Rougier aimait à le proclamer lui-même. « Si la longévité est un don de la Providence, elle est aussi quelque peu notre œuvre », disait-il naguère aux confrères empressés à fêter le cinquantenaire de son inscription au Barreau.

« Le travail constant et aimé fait vivre, ajoutait-il.
« C'est bien lui qui est la meilleure hygiène, qui donne,
« avec la sérénité de l'esprit, le renouvellement et la
« permanence des forces, les meilleures satisfactions,
« la belle et radieuse auréole des dernières années en-
« tourées de ceux qu'on aime et dont on est aimé. »

Il fallait ces allusions discrètes dans la bouche de l'orateur ou du causeur pour éveiller en lui un soupçon de vieillesse, pour rappeler que cet homme alerte et vigoureux était un peu partout, dans les assemblées où il occupait la première place comme dans les réunions familiales, l'aïeul et le doyen. Suivant un mot charmant de Me Jacquier, « ce privilège de l'ancienneté apparaissait en lui comme un aimable paradoxe. »

Et c'était la réalité pourtant.

Né le 16 juin 1826, Rougier appartenait à cette forte génération qui compta dans les sciences, les lettres et les arts plus d'un Lyonnais illustre. Elève de l'abbé Noirot au Lycée de Lyon, il avait puisé l'inspiration de sa vie aux sources les plus pures de la philosophie spiritualiste. Dans les études professionnelles et surtout dans l'organisation des œuvres les plus fécondes de la charité, il fut tour à tour le disciple, le collaborateur et l'ami des Ozanam, des Laprade, des Humblot, des Sauzet, des Mathevon, etc., etc.

Au Barreau, où il était inscrit depuis le 15 janvier 1850, Me Rougier maintenait en quelque sorte une tradition et « représentait une époque ». Il rappelait volontiers cette pléiade des grands avocats lyonnais qui furent ses contemporains et déjà lui semblaient « des ancêtres ». Il était comme le trait d'union entre les plus anciens et les plus jeunes ; séduits par sa bienveillance et sa courtoisie d'un autre âge, ces derniers aimaient à feuilleter ce recueil rempli de souvenirs, d'anecdotes et d'enseignements.

La bonté de son cœur et la droiture de son caractère n'étaient peut-être pas les moindres auxiliaires de sa tâche professionnelle et pouvaient, sans affaiblir la confiance de ses clients, guider ses adversaires eux-mêmes. Avocat-conseil des associations ouvrières, des compagnies financières et de l'administration, Me Rougier était le premier à rechercher l'apaisement des conflits, à accorder les délais nécessaires à la transaction. Que de fois aussi ne se fit-il pas spontanément, à la barre, le sauveteur d'un accusé sans défense ou d'un confrère encore inhabile et novice, dérouté par l'impatience d'un magistrat !

Ce n'est point seulement par la parole que Me Rougier servait la cause de la justice et du droit ; il avait su faciliter entre autres les travaux et recherches de jurisprudence. Il collaborait depuis cinquante ans au *Moniteur Judiciaire* et au *Recueil des arrêts de la Cour de Lyon*. C'est ainsi qu'il appartenait à la fois au Barreau et à la presse et qu'il voyait, il y aura bientôt deux ans, fêter, à quelques jours de distance, dans deux réunions différentes sa double cinquantaine.

Vers 1868, M. Paul Rougier avait contribué à fonder à Lyon l'Ecole libre de droit dont les cours avaient lieu dans les salles du Palais de Justice. Aussi fut-il l'un des professeurs choisis en 1875 pour en perpétuer le souvenir à la nouvelle Faculté de l'Etat. Depuis lors il occupa avec autorité la chaire d'économie politique et créait récemment le nouveau cours de droit colonial.

Disciple de Jean-Baptiste Say et de Michel Chevallier, il appartenait à l'école libérale et défendait avec enthousiasme les principes de liberté économique. Ses convictions à ce sujet lui survivront avec deux publications : l'*Economie politique à Lyon de 1750 à 1890 ;* la *Liberté commerciale, les douanes et les traités.*

L'étude pratique des questions sociales — longtemps avant l'apparition officielle de ce mot — passionnait M. Rougier. Deux importants ouvrages en font foi qui parurent sous sa plume dès 1864 et 1869, les *Assurances populaires* et les *Associations ouvrières, leur passé, leur présent et leurs conditions de progrès.*

Dans cet ordre de choses un homme aussi généreux et actif que M. Rougier ne pouvait se complaire exclusivement aux théories, aux rêveries ou discussions spéculatives. Les douloureux problèmes de la misère, de l'invalidité et de la vieillesse appelaient pour lui une solution immédiate et efficace. Cette solution, il la trouva aussitôt dans l'initiative individuelle, dans le développement des idées religieuses, l'exemple et l'action d'un homme et d'un chrétien.

Qui pourrait dire le nombre des œuvres de charité et d'assistance auxquelles M. Rougier a prodigué son temps et son dévouement ? C'est presque par le nombre des présidences honoraires ou effectives qu'on les pourrait compter et juger de la confiance, du respect et de la gratitude dont il était entouré. Fondateur et vice-président de la Société protectrice de l'Enfance, de la Société de Secours mutuels des employés de commerce, de l'Association des médecins du Rhône ; administrateur de la Société d'instruction primaire, etc.

M. Rougier était président du comité général des mutualistes du Rhône, président de l'œuvre du Dispensaire général, par les soins duquel plus de 10.000 malades pauvres reçoivent annuellement des secours et médicaments gratuits.

Membre de l'Académie de Lyon, M. Rougier avait aussi présidé cette compagnie, car dans cette vie si remplie « qu'il avait su multiplier, sans la disperser », une large part était faite au commerce des lettres et des arts.

Si les témoignages de confiance et les honneurs décernés par ses concitoyens l'entouraient de toutes parts, du moins les distinctions officielles devaient se faire attendre, car ces récompenses-là n'atteignent que fort tard ou jamais le mérite rehaussé de la dignité. Depuis deux ans à peine, depuis l'époque où son cinquantenaire lui ajouta une sorte de notoriété nouvelle, M. Rougier était enfin chevalier de la Légion d'honneur.

Mais la véritable récompense du chrétien et de l'homme de bien n'est-elle pas dans la satisfaction du devoir accompli ? Elle est plus haut encore ; et c'est à celle-là que Rougier aspirait quand il rappelait récemment ce mot de Lacordaire : « L'homme ne doit compter ni marchander ses labeurs et ses efforts, puisque s'il a des lassitudes dans le temps, au-delà du temps, pour se reposer, il a l'infini. »

Le Nouvelliste offre aux familles Rougier et Garraud l'expression de ses respectueuses condoléances. P. R.

Le Nouvelliste, journal de Lyon, n° du 8 novembre 1901.

— Nous apprenons avec une vive douleur la mort de M. Paul Rougier, l'un des doyens de notre Barreau et le titulaire de la chaire d'Economie politique de la Faculté de droit, qu'il occupait depuis sa fondation.

Il y a huit jours à peine, il donnait encore à la salle des Pas-Perdus du Palais de Justice, la note joyeuse de sa conversation vive et enjouée, et samedi, dans la soirée, il présidait encore, avec son activité et son dévouement habituels, la séance de la commission de l'hospice de Saint-Alban.

En quarante-huit heures, une congestion pulmonaire l'a terrassé.

M. Rougier meurt dans sa 76e année. L'âge n'avait ni voilé sa lumineuse intelligence, ni affaibli sa prodigieuse activité. Partout où il a passé, il laissera le souvenir de sa valeur, de ses services, de son ardent dévouement à tous les intérêts de la cité et du pays.

Au Barreau, où ses confrères plus jeunes l'entouraient de leur respectueuse affection, M. Rougier était une des physionomies les plus attachantes et les plus caractéristiques de la salle des Pas-Perdus : il représentait une époque, maintenant la tradition et conservant le souvenir de ces « ancêtres » du grand Barreau lyonnais, les Sauzet, les Dattas, les Humblot, les Mathevon, qu'il avait tous connus, et dont quelques-uns même étaient ses contemporains et ses amis.

A la Faculté de droit, l'Economie politique libérale, celle dont les principes ont fait la prospérité de notre pays, n'avait pas de défenseur plus ardent et plus enthousiaste.

M. Rougier avait foi dans la liberté, dans l'initiative individuelle, dans les idées morales et religieuses, pour résoudre les problèmes douloureux de la misère, de l'invalidité, de la vieillesse. Tous ceux auxquels il s'est dévoué, tous les déshérités de ce monde dont il s'était fait le soutien, tous les pauvres qu'il a aidés, réconfortés, assistés, tous l'ont vu, pendant de longues années, porter l'écrasant fardeau des Œuvres lyonnaises, les plus belles et les plus touchantes ; tous l'ont vu ne jamais plier, grâce à son infatigable dévouement, secondé par une extraordinaire puissance de travail.

Il se repose, pour la première fois, après une vie longue de jours et riche d'œuvres.

L'Express, journal de Lyon, n° du 8 novembre 1901.

Nous apprenons la mort de M. Paul Rougier, un des doyens du Barreau de Lyon, professeur d'Economie politique à la Faculté de droit, président de l'Académie des sciences, arts et belles-lettres, président du Dispensaire général et président honoraire du comité général de Sociétés de secours mutuels.

M. Rougier était un jurisconsulte distingué et avait collaboré pendant de longues années à la *Jurisprudence de la Cour de Lyon.*

Le défunt s'intéressait avec activité à de nombreuses œuvres de mutualité.

Les funérailles de M. Rougier auront lieu samedi matin, à neuf heures.

Le Progrès, journal de Lyon, n° du 8 novembre 1901.

Nous apprenons la mort presque subite de M. Paul Rougier, avocat à la Cour d'appel, professeur d'Economie politique à la Faculté de droit de l'Université de Lyon depuis sa fondation.

Le défunt était membre de nombreuses œuvres de bienfaisance, artistiques ou de sociétés de secours mutuels.

C'est à la mutualité que M. Rougier avait plus spécialement consacré ses travaux ; aussi le Gouvernement, en reconnaissance de tant de dévouement à la cause de l'humanité l'avait décoré de la croix de la Légion d'honneur.

M. Rougier, qui meurt à l'âge de 76 ans a collaboré pendant plus de cinquante ans à la rédaction du *Moniteur Judiciaire*.

Les funérailles de M. Rougier auront lieu samedi

matin, à 8 h. 3/4 ; le convoi partira du domicile du défunt, rue Childebert, 1.

Le *Lyon Républicain*, journal de Lyon, n° du 8 novembre 1901.

Il y a un an, à peu près à la même époque, Lyon était en deuil d'un de ses plus glorieux enfants : Ollier disparaissait. Il y a huit jours, l'Université et la ville étaient frappés d'un nouveau coup : M. Paul Rougier mourut subitement, emporté en 48 heures par une congestion, à l'heure même où nous perdions aussi notre grand peintre Lebrecht Lortet.

Lyonnais, Paul Rougier l'était par les origines de sa race. Issu d'une vieille famille consulaire, il comptait parmi ses ancêtres des échevins dont les noms ne sont point inconnus à ceux qu'intéresse l'histoire de notre cité. Son grand-père, fabricant de soieries, fut arrêté et emprisonné pendant le siège de Lyon ; il put s'évader et éviter ainsi le triste honneur de figurer sur le martyrologe de cette sanglante époque. Son père, le docteur Louis Rougier, fut une des notabilités médicales lyonnaises du milieu du XIXe siècle. Président de la Société de médecine, de l'Académie, du Conseil d'hygiène, il fut aussi médecin des hôpitaux et chevalier de la Légion d'honneur.

Le 16 juin 1826, Paul Rougier naissait à Lyon ; élève du Lycée de Lyon, où il fut le disciple de l'abbé Noirot, ce philosophe dont toute une génération a gardé l'empreinte, il alla étudier le droit à la Faculté de Paris ; soldat improvisé, en 1848, le spectacle de la guerre civile, du désordre et du sang répandu, laissa dans son esprit une trace ineffaçable, et eut sur ses idées une influence définitive. Ce fut à cette époque que, suivant les conférences de Frédéric Bastiat, Paul Rougier commença à s'occuper d'économie politique. Elevé dans les principes du libre-échange, il devint l'apôtre ardent de la liberté du commerce et ne cessa depuis lors la lutte entre les systèmes prohibitifs.

En 1850, il se faisait inscrire au Barreau de sa ville natale, tout en préparant les épreuves du doctorat en droit, épreuves qu'il soutint avec succès devant la Faculté de Dijon en 1852.

Il partagea dès lors son temps entre ses devoirs professionnels, sa collaboration aux feuilles juridiques : le *Moniteur Judiciaire* et la *Jurisprudence de la Cour de Lyon* et ses travaux sur les Associations ouvrières, qui lui ont valu le nom de grand Mutualiste.

Huit ans avant la création de la Faculté de droit, en 1868, quelques avocats organisèrent dans une salle du Palais de Justice des conférences de droit qui ont été le berceau de nos cours universitaires. Il s'agissait de désigner un doyen à cette sorte de Faculté privée. C'est sur M. Paul Rougier que se portèrent tous les suffrages de ses collègues.

Aussi, en 1876, quand les Facultés furent créées à Lyon, la Chaire d'Economie politique lui fut-elle naturellement attribuée, d'abord avec le titre de chargé de cours, puis, en 1879, avec le grade de professeur titulaire. Dans l'intervalle, Paul Rougier avait fait paraître un travail important sur la liberté commerciale, les douanes et les traités de commerce. Plus tard, au moment de la création du cours complémentaire de Législation et Economie coloniales, il demanda aussi à en être chargé.

Mais à cette époque, il avait joué en dehors de l'Université, un rôle qui l'a rendu justement célèbre, et lui a donné la popularité et l'estime de tous : nous voulons parler de ce qu'il fit pour les œuvres de bienfaisance et pour les Sociétés mutuelles.

Dès 1857, il était conseil judiciaire et membre de l'Administration de la 126° Société mutuelle, celle des médecins ; en 1860, il fondait la Société d'étude de la Mutualité et Coopération, et en était élu président.

A 10 ans d'intervalle, en 1867, et en 1877, c'étaient les 112e et 229e Sociétés mutuelles, celle des employés de commerce et d'administration, et celle des demoiselles employées de commerce, qui le choisissaient comme président. Enfin, depuis 1871, il faisait partie du Comité général des Présidents des Sociétés de secours mutuels de Lyon, d'abord comme membre fondateur, puis comme président élu, enfin comme président honoraire. Aussi, en 1894, dirigeait-il les débats de la troisième section du Congrès national d'assistance publique, tenu à Lyon pendant l'Exposition.

D'autre part, il était administrateur du Dispensaire général, de l'Hospice des incurables de Saint-Alban, de la Société protectrice de l'Enfance, de la Société d'Instruction primaire du Rhône ; il était membre du bureau de l'Assistance judiciaire.

Nous ne pouvons citer ici les innombrables publications qu'il a faites sur toutes les parties concernant les Associations ouvrières et les œuvres de bienfaisance. Disons seulement qu'elles lui méritèrent, à plusieurs reprises, les distinctions les plus appréciées : en 1875, le Ministre de l'Intérieur lui décernait une médaille d'or pour services rendus aux Sociétés mutuelles ; en 1881, il recevait le ruban d'officier d'Académie, transformé, sept ans plus tard, en rosette d'officier d'Instruction publique. Dès 1862, l'Académie de Lyon avait récompensé d'un prix et d'une médaille d'or son mémoire sur les *Associations ouvrières lyonnaises*. En 1872, elle devait l'admettre dans son sein, pour le désigner plus tard comme son président.

Enfin, il y a deux ans, une distinction bien méritée, mais aussi bien tardivement accordée, venait couronner cette brillante carrière ; sur la demande des Sociétés qu'il dirigeait, sur les instances d'amis dévoués, au premier rang desquels il faut nommer le grand Ollier, on attribuait enfin à Paul Rougier la Légion d'honneur.

Telle fut la vie de cet homme de bien. Il lègue des traditions de persévérance, dans ce travail d'intégrité et d'honneur, à des fils qui sauront en soutenir le poids. L'un et l'autre, M. le docteur Louis Rougier, et Me Rougier, avoué à la Cour, occupent dans notre ville des positions particulièrement honorables. Son gendre, M. Garraud, est un des professeurs les plus estimés de l'Université lyonnaise.

Nous ne pouvons terminer ces lignes sans dire quelques mots de l'homme privé. Pour tous ceux qui l'ont connu, sa mort a été comme un deuil de famille, tant sa grande bienveillance, son accueil charmant inspiraient de reconnaissante sympathie. Nul n'eût pu croire, le voyant si gai, si alerte, si vaillant, si jeune en un mot, qu'il fallût placer sous le règne de Charles X la date de sa naissance. Cet ami du peuple, qui fut en même temps un parfait homme du monde sut, tout en éveillant autour de lui des sympathies profondes, des amitiés à toute épreuve, inspirer à tous, même à ceux qui ne partagent pas ses idées économiques, le respect et l'estime. Il laisse en deuil, non seulement sa famille, l'Université, l'Académie, mais la cité tout entière. Puissent les douloureuses condoléances de tous leurs concitoyens adoucir la douleur de ses enfants.

Le Tout Lyon, journal de Lyon, n° du 17-23 novembre 1901.

Nous recevons à l'instant la triste nouvelle de la mort de M. Paul Rougier, le distingué professeur de notre Faculté de droit.

Il a été frappé presque subitement mercredi 6 courant à 5 heures du soir.

Nous nous réservons de rendre hommage à la vie si bien remplie et si honorable de M. Paul Rougier, le doyen des mutualistes de Lyon, mais nous tenons à signaler à la sympathie de nos lecteurs cette perte si sensible pour nous tous.

M. Paul Rougier était au *Mutualiste Lyonnais* un collaborateur zélé, un ami de bon conseil et de haute expérience. Il était toujours prêt à monter sur la brèche lorsqu'il s'agissait de défendre les intérêts de la Mutualité.

Nous envoyons nos respectueuses condoléances à sa famille si cruellement éprouvée. Nous joignons nos sincères regrets à ceux de ses nombreux amis, et nous déposons sur cette tombe trop tôt ouverte, le tribut de reconnaissante affection du *Mutualiste Lyonnais*. A. D.

Le *Mutualiste Lyonnais*, journal de Lyon,
n° du 10 novembre 1901.

Les obsèques eurent lieu le samedi 9 novembre à 9 heures du matin.

Toute une ville en deuil vint saluer une dernière fois la dépouille mortelle de cet homme de bien, l'un des enfants de Lyon qui ont le plus honoré la cité.

Ce fut au domicile mortuaire un long défilé de toutes les notabilités de la ville et de la foule respectueuse et affligée de tous ceux qui avaient eu recours à son inépuisable dévouement, et c'était un touchant spectacle que de voir le cercueil veillé jusqu'au dernier moment par les petits-enfants, formant une garde d'honneur, autour de la dépouille de leur grand'père.

A 9 heures et demie, le cortège se forme. En tête, encadrant un nombreux clergé, marchent les délégations des œuvres que Me Rougier présidait, les religieuses de Saint-Vincent-de-Paul, avec les plus valides parmi les enfants incurables de Saint-Albans, précédés de leur croix; les sœurs de Marie Auxiliatrice avec leurs jeunes filles, employées de la 229e société de secours mutuels, portant une couronne; les sœurs de Saint-Joseph du Dispensaire.

Vient ensuite le cercueil, salué par les roulements de tambour du piquet qui rend les honneurs militaires au chevalier de la Légion d'honneur; au travers sont jetés les deux costumes professionnels du défunt, la robe rouge du professeur sur laquelle s'étalent ses décorations et la robe noire de l'avocat.

Les cordons du poêle sont tenus par M. Caillemer, doyen de la Faculté de droit; Jacquier, bâtonnier de l'Ordre des avocats; Beaune, président de l'Académie de Lyon; Gilardin, vice-président du Dispensaire général; Desgaches, trésorier de l'Œuvre de Saint-Albans; Courtois, président du Comité général des Sociétés de Secours mutuels; Huot, président de la 112e Société de secours mutuels; Gayet, délégué des Etudiants en droit.

Plus de vingt couronnes sont portées à bras derrière le cercueil. On remarque celle de la Faculté de Droit, celle des élèves de la Faculté, celle de l'Association des anciens élèves de la Faculté, celle du *Moniteur Judiciaire* et de la maison Waltener, celle du Dispensaire, celle du Comité général des Sociétés de secours mutuels, celle du journal *Le Mutualiste*, celle de la 112e Société de Secours mutuels. celle de la Société protectrice de l'Enfance, celle de l'Ecole supérieure de Commerce, etc., de nombreuses couronnes, croix et fleurs envoyées par des parents, des confrères du barreau, des amis et, témoignage des plus touchants, de modestes bouquets d'inconnus reconnaissants.

Le deuil était conduit par les fils du défunt, M. le Dr Rougier et M. Paul Rougier, avoué à la Cour, par son gendre, M. Garraud, avocat et professeur à la Faculté de droit, par ses petits-fils Rougier, Garraud, Algoud et Bugand. Avec la famille marchaient les serviteurs, les vignerons du défunt et leurs femmes.

Un long cortège en tête duquel venait l'ordre des avocats presque au complet, le recteur de l'Académie, M. Compayré, la Faculté de Droit et les délégations de l'Université, le préfet M. Alapetite et les Secrétaires généraux, l'Officier d'ordonnance du Gouverneur militaire, M. Robin premier adjoint à la mairie centrale et de nombreux conseillers municipaux, des membres du Conseil général, des députés et sénateurs du Rhône, toutes les notabilités de la magistrature, Cour, Tribunal, Tribunal de Commerce, des professions libérales, du commerce, un très grand nombre de mutualistes, de nombreux prêtres ou religieux suivaient le cercueil.

Le cortège immense pénétrait déjà dans l'église de Saint-Nizier, sans avoir cessé de se développer à la porte du défunt, rue Childebert.

A l'église Saint-Nizier, la cérémonie religieuse très imposante, très émouvante, fut célébrée sous la présidence de Son Eminence le Cardinal Couillé, Archevêque de Lyon, qui a tenu à honorer le grand chrétien qu'était M. Paul Rougier en donnant lui-même l'absoute.

Au cimetière les représentants des Corps constitués et des Associations au sein desquels M. Rougier exerça son dévouement, ont rendu un éloquent hommage à la mémoire de celui qu'une foule d'amis accompagnait à sa dernière demeure.

Huit discours ont été prononcés :

Par M. le Recteur Compayré, au nom de l'Université de Lyon,

Par M. Caillemer, au nom de la Faculté de Droit,

Par M. Beaune, au nom de l'Académie de Lyon,

Par M. Gilardin, au nom du Dispensaire Général,

Par M. Regaud, au nom de l'Association des Anciens Elèves de la Faculté de Droit,

Par M. Courtois, au nom du Comité Général des Sociétés de Secours Mutuels du Rhône,

Par M. Huot, au nom de la 112e Société de Secours Mutuels,

Par M. Chappet, au nom de l'Association des Médecins du Rhône.

Enfin, un ouvrier, membre de l'Œuvre des hospitaliers-veilleurs, dont M. Rougier faisait partie, a récité, suivant l'usage, les cinq *Pater* et les cinq *Ave* que cette Confrérie dit sur la tombe de ses défunts, et l'assistance, très impressionnée, a répété à haute voix cette dernière et simple prière.

Voici les discours qui ont été successivement prononcés :

Discours de M. Compayré

Recteur de l'Académie

Messieurs,

Ce triste mois de novembre qui, dans le deuil annuel de la nature, s'ouvre pour tous les hommes par la célébration « du jour des morts », le jour de la commémoration de ceux qui ne sont plus, semble être devenu pour l'Université de Lyon, par je ne sais quelle fatalité, le mois des séparations douloureuses et comme « le mois des morts ». Il y a un an, le 27 novembre, c'est Ollier qui nous était ravi. Il y a quatre ans, le 3 novembre 1897, c'était à Enou que nous disions le dernier adieu. Et aujourd'hui, c'est encore d'un professeur de la Faculté de droit plus particulièrement éprouvée, c'est de M. Paul Rougier, que nous déplorons la perte.

Qui aurait pu prévoir, il y a seulement trois jours, le dénouement si brusque d'une existence aussi active, dont l'ardeur robuste se dépensait dans un si grand nombre d'occupations diverses, dont l'âge n'avait point affaibli la vitalité, et qui semblait autoriser, légitimer les longs espoirs d'avenir. M. Rougier était si alerte, si vivant, dans la verdeur de ses soixante-quinze ans, que son acte de naissance avait tout l'air d'un document apocryphe, et que quand on vous apprenait qu'il était né sous la Restauration, en 1826, on était tenté de croire à un anachronisme.

Il était de ces vieillards heureux qui restent jeunes, ou qui paraissent l'être, en pleine possession de leurs facultés agrandies par une longue expérience ; et dont on dirait que, par un redoublement d'énergie et de bonne humeur, ils veulent écarter de la pensée de ceux qui les entourent et qui les aiment, pour ne pas inquiéter leur affection, tout soupçon d'une fin prochaine, quand bien même ils en auraient eux-mêmes le secret pressentiment.

Et cependant, après avoir prodigué ses forces dans les multiples emplois d'une vie des plus remplies, M. Rougier aurait eu des raisons d'être fatigué et lassé. Mais il pensait — et il le prouvait par son exemple — que le travail n'est pas seulement un devoir ; qu'il est une joie ; qu'il est une source de vie, et que s'il rend la vie de l'homme utile et douce, il a aussi pour résultat de la conserver et de la prolonger.

Combien il eût mérité de la conserver longtemps encore, pour le bien de ses concitoyens et le bonheur de sa famille, ce brave et galant homme, qui occupait dans les œuvres lyonnaises une place des plus considérables. Il ne m'appartient pas de louer en lui l'avocat estimé dont ses confrères fêtaient si cordialement, il y a un an, le brillant cinquantenaire, ni le journaliste, ni le promoteur de tant d'œuvres de bienfaisance, ni le mutualiste ardent et convaincu, qui a été à la tête de toutes les Sociétés de secours mutuels de notre grande cité, et qui leur a rendu tant de précieux services ; ni le membre de l'Académie des sciences, belles-lettres et arts de Lyon, où il jouait un rôle important. C'est au professeur que je dois uniquement rendre hommage, en rappelant avec quelle assiduité, avec quel zèle il y a occupé pendant vingt-six ans la chaire d'Economie politique. Mais ce n'est pas seulement par cette collaboration d'un quart de siècle que M. Rougier a contribué à la prospérité et à l'éclat de la Faculté de Droit de Lyon. Il lui a appartenu dès sa fondation ; il a été un des ouvriers de la première heure. Mais il en a été aussi le précurseur. On s'étonne parfois que nos deux Facultés de Médecine et de Droit, établies l'une en 1875, l'autre en 1877, aient si rapidement prospéré, qu'elles aient grandi du jour au lendemain, au point de n'avoir pas d'égales parmi les Universités de province. Ce succès, elles le doivent sans doute à la bonne fortune qu'elles ont eue de grouper dès la première heure, un ensemble de professeurs distingués, sous la direction de chefs éminents qui président encore à leurs destinées. Mais elles le doivent aussi à ce qu'elles n'ont pas été les improvisations hâtives d'un décret gouvernemental, à ce qu'elles avaient été préparées par une élaboration antérieure, par l'effort de libres initiatives, avant d'être légalement constituées. Et en ce qui concerne la Faculté de Droit, c'est à M. Rougier que revient l'honneur d'avoir préparé le terrain, d'avoir été le pionnier, l'initiateur des études juridiques à Lyon. Dès 1869, en effet, un groupe de jurisconsultes lyonnais inaugurait, dans une salle du Palais de Justice, un sérieux enseignement du droit que suivaient une centaine d'élèves, et c'est M. Rougier, à raison de la respectueuse considération dont il était déjà entouré, que ces professeurs volontaires avaient choisi comme chef, en lui offrant la présidence de leur libre corporation enseignante.

Par cette œuvre d'initiative heureuse et hardie, où l'histoire de Lyon saluera le berceau de la Faculté de Droit, M. Rougier appliquait déjà les principes qui ont inspiré sa doctrine en matière d'économie politique. Quelque jugement que les hommes de compétence technique puissent porter sur ses conceptions économiques, il est permis de dire qu'elles sont de celles qui honorent un homme, car elles sont un constant appel à la liberté. Il les résumait, en quelque sorte, dans un passage du rapport qu'il écrivait il y a deux ans, à l'occasion du deuxième centenaire de l'Académie de Lyon : « C'est de l'individu même, disait-il, de son énergie personnelle, de sa moralité, de son respect du droit d'autrui, de son triomphe sur l'égoïsme et l'envie, de son esprit de justice et de son sincère amour du bien, qu'il faut tout espérer pour voir s'épanouir au XXe siècle la pacification des esprits, l'entente des bonnes volontés, la prospérité du pays et de la cité. »

Il traçait ainsi, dans le programme des vertus qu'il souhaitait aux autres, le tableau des sentiments qui l'animaient lui-même et qui ont été la règle de sa vie. Et à ces nobles qualités de caractère il joignait les dons charmants d'un esprit aimable et enjoué. Il y a trois semaines à peine, il siégeait à mes côtés au Conseil académique de Lyon, dont il suivait les sessions avec une ponctualité exemplaire ; et j'admirais une fois de plus avec quelle bonne grâce il s'intéressait aux discussions et donnait son avis, avec quel enjouement et quelle gaîté de bonne compagnie il se mêlait aux conversations.

Comment avec de tels dons n'eût-il pas gagné la sympathie et l'amitié de tous ceux qui le connaissaient ? Tout le monde se réjouissait de ce qui pouvait lui arriver d'heureux. Nous avons applaudi, il y a deux ans, à la distinction si méritée et si tardive qui l'avait fait entrer dans la Légion d'honneur, et je me rappelle que c'est précisément dans les salons de M. Ollier, un soir de réception, que j'appris la bonne nouvelle, qui était encore secrète, et que je donnais l'accolade au nouveau chevalier. Celui qui nous recevait, hélas ! ne devait pas survivre longtemps à ce jour de fête, et le cher invité, dont la décoration l'avait tant réjoui, l'aura suivi de bien près dans la tombe.

Il y emporte, au milieu de tant d'autres regrets, le souvenir reconnaissant et ému de l'Université qu'il a honorée et servie, et qui n'oubliera pas tout ce qu'il y avait de dévouement au devoir chez cet homme de bien. Sa mémoire vivra dans une Faculté où il a donné pendant un quart de siècle un si bel exemple des vertus professionnelles, et où les services qu'il a rendus à vingt-cinq générations d'étudiants seront continués avec éclat par ses collègues, et notamment par celui qui lui était attaché par les liens sacrés de la famille, par son gendre, dont nous partageons la douleur, non sans songer aussi à ceux qui lui tenaient de plus près encore, et qui ont perdu un mari, un père aussi tendrement aimé dans sa famille qu'il était estimé et apprécié par ses concitoyens.

Discours de M. Caillemer

Doyen de la Faculté de Droit

Messieurs,

L'homme de bien, que nous venons d'accompagner pour la dernière fois, n'appartenait pas uniquement à la Faculté de Droit. Il était l'homme de la Cité tout entière, aussi connu dans les milieux où dominent le travail et l'industrie que dans les assemblées d'ordre exclusivement intellectuel. Notre deuil est donc un deuil général, le deuil de tous ceux qui travaillent et, par cela même, de tous ceux qu'intéressent les questions sociales, en particulier les Œuvres d'assistance ou de bienfaisance que M. Paul Rougier étudia et pratiqua toujours avec une prédilection marquée.

Ce n'est ni le moment ni le lieu de faire la biographie complète de l'excellent collègue que nous venons de perdre. Ce devoir incombe aux nombreuses Sociétés dont M. Rougier a été le membre très actif et qu'il a si souvent ou si longuement présidées : il incombe surtout à l'Académie de Lyon, dont il était presque le doyen, et qui, en échange d'une assidue coopération à toutes ses œuvres, lui prodigua les marques de confiance et d'estime. Aucun de ces grands corps, je le sais, et j'ai, en particulier, mission de le dire au nom du Président de l'Académie, ne négligera cette dette de pieuse reconnaisance.

Je manquerais, toutefois, à une impérieuse obligation de ma charge, si je ne me faisais pas ici, comme doyen de la Faculté, l'interprète des hommages dus à une vie pleine d'œuvres utiles.

M. Rougier a eu, dans sa première jeunesse, deux maîtres qui ont exercé sur lui l'influence la plus heureuse : son père, d'abord, près duquel il va reposer, le docteur Louis Rougier, qui a laissé, dans notre ville, tant d'honorables souvenirs et dont il ne parlait jamais qu'avec une touchante émotion ; puis, au collège, ce grand éducateur dont un demi-siècle n'a pas altéré l'image, l'abbé Noirot. Il y a lieu de noter que ce philosophe, qui n'a rien écrit, mais qui a formé beaucoup d'hommes éminents, fut, à Lyon, le premier professeur d'économie politique. Ce fut, sans doute, dans ses conférences familières du jeudi, ouvertes à quelques élèves de prédilection, que M. Paul Rougier prit goût à la science dont l'exposition et les applications ont été l'affaire principale de sa vie. Je suis même autorisé à croire que notre collègue ne resta pas étranger à la publication, que M. Heinrich fit en 1880, du programme dicté, dans les dernières années du Gouvernement de Juillet, aux auditeurs de ces conférences.

Les études classiques terminées, M. Rougier alla suivre les cours de la Faculté de Droit de Paris. — C'était le temps où les professeurs de cette grande Ecole devaient, non seulement enseigner le droit à leurs élèves, mais encore leur donner des exemples de courage civique, en leur montrant comment on peut essayer d'arrêter, au péril de sa vie, des luttes fratricides. M. Rougier fit bravement, sous leurs yeux, son devoir de soldat improvisé ; mais il n'oublia jamais les néfastes journées de juin 1848 ; la vue lointaine du sang répandu autour des barricades et de l'agonie des malheureuses victimes de l'insurrection n'a pas été sans influence sur le développement de cet amour de l'ordre et de la discipline dont notre collègue n'a jamais fait mystère.

En même temps qu'il suivait les cours de la Faculté de Droit, il assistait, avec quelques amis, à des leçons d'économie politique, que, sur sa demande, Frédéric Bastiat avait consenti à faire. M. Rougier a été et est resté, jusqu'à son dernier jour, le fidèle disciple du plus ardent des propagateurs, par la plume, des idées économiques libérales. Il n'a pas cessé de combattre, ainsi que l'avait fait avant lui Bastiat, d'une part les doctrines socialistes, d'autre part les systèmes prohibitifs. Si, par exception, une fois ou deux, il s'est écarté de son programme, c'est que l'intérêt des Sociétés de Secours mutuels, de ces Sociétés qui lui étaient si chères, et leur sécurité pour l'avenir, lui avaient paru commander une telle dérogation.

Revenu à Lyon en 1850, M. Paul Rougier se fit inscrire au Barreau et ne tarda pas à se concilier, par son travail et par sa loyauté, l'estime des magistrats et celle de ses confrères. Les loisirs, que laisse à tout stagiaire le petit nombre de ses clients, furent employés par lui à la préparation du doctorat, qu'il obtint, en 1852, de la Faculté de droit de Dijon.

Muni de ce nouveau titre, notre collègue consacra toutes ses heures d'inaction professionnelle à des publications juridiques ou à l'étude des questions sociales. Ce fut alors que, outre une collaboration quotidienne au *Moniteur Judiciaire* et à la *Jurisprudence de la Cour de Lyon*, et tout en professant le droit usuel pour les élèves du lycée, il rédigea d'abord, sous les auspices de l'Académie de Lyon, un gros mémoire sur *Les Associations ouvrières, leur passé, leur présent, leurs conditions de progrès*, puis un livre sur *Les Assurances populaires*.

Le fait, que M. le Recteur vient déjà de rappeler, suffira pour montrer quelle place d'honneur, après vingt ans d'exercice, M. Rougier occupait dans l'opinion lyonnaise. Lorsque, en 1869, quelques jeunes avocats, devenus, avec le temps, les maître de leur Ordre, résolurent de fonder une sorte d'Ecole libre pour l'enseignement du droit, ils sentirent le besoin de placer leur Association naissante sous la direction d'un confrère qui, par son âge, par le mérite de ses œuvres, par la dignité de sa vie, par son autorité près des Tribunaux, attirerait à eux la confiance des familles. Leur choix se porta, sans hésitation sur M. Paul Rougier.

Directeur des cours libres de droit, associé aux travaux des Sociétés d'économie politique, qui, presque toutes, étaient alors libres-échangistes, M. Rougier parut tout désigné au mois d'octobre 1875, quand la Faculté de droit de Lyon fut créée, pour occuper la chaire d'économie politique. Le ministre ne lui donna d'abord que le titre de chargé de cours ; mais la publication d'un important ouvrage sur *la Liberté commerciale, les douanes et les traités de commerce*, lui valut bientôt, en 1879, l'honneur du titulariat.

Lorsque, plus tard, un cours complémentaire de législation et économie coloniales fut institué, M. Paul Rougier demanda à en être chargé, concurremment avec son cours magistral. Nous avons tous constaté avec quelle ardeur il s'acquitta de sa double tâche. Il fit même paraître assez rapidement un exposé, au triple point de vue historique, juridique et économique, des principes de cette législation encore à ses débuts, exposé dans lequel il évita sagement le double danger d'entrer dans des détails trop minutieux ou de présenter des généralisations peu exactes.

Je n'ai parlé que du professeur. D'autres vous diront bientôt que notre cher collègue a, de plus, obéi toute sa vie à un idéal de charité et qu'il a été aussi grand par le cœur que par le travail intellectuel. Il était de ceux qui croient que, lorsqu'il s'agit de faire le bien, le devoir ne cesse que là où le pouvoir fait défaut. Pour moi, je le remercie d'avoir, pendant vingt-six ans, servi l'Université avec un dévouement soutenu et d'avoir témoigné aux élèves qui suivaient ses leçons un intérêt vraiment paternel.

En un temps favorable aux préventions plus ou moins justifiées, aux inimitiés ouvertes ou dissimulées, M. Rougier a su conquérir et il a gardé la confiance universelle tant il y a de charme et de puissance dans la droiture et la loyauté. Tous nos concitoyens le tenaient en haute estime.

On a bien vu, l'année dernière, de quelle considération il était entouré, le jour où, sur les instances de notre illustre collègue, M. le docteur Ollier, à l'occasion du deuxième centenaire de l'Académie, M. le Président de la République lui envoya la croix de chevalier de la Légion d'honneur. Tous ceux qui avaient été associés aux démarches de M. Ollier furent heureux de constater avec quelle unanimité cette haute distinction était ratifiée par l'opinion publique. Ai-je besoin de vous rappeler les marques qu'il reçut de l'affection de ceux qui le connaissaient intimement, les témoignages de respect et de déférence que lui prodiguèrent ses disciples ?

Jusqu'à la dernière heure, les facultés intellectuelles et morales de M. Rougier sont demeurées intactes. Il a vécu jusqu'à la fin de sentiments affectueux et charitables, de croyances nobles et élevées. Puis il s'est éteint, sans secousse violente, réunissant dans une suprême étreinte, femme, enfants et petits-enfants.

En face de la mort, il s'est montré plein de confiance dans son passé, en paix avec lui-même, et sans inquiétude sur le compte qu'il allait bientôt rendre à Dieu de ses pensées et de ses actes.

J'adresse à notre regretté collègue, à notre zélé collaborateur pendant plus d'un quart de siècle, à notre ami, à l'homme de bien dont la vie fut si active et si féconde, un dernier adieu. J'exprime en même temps à la famille si unie, qui vient de perdre son chef adoré, les douloureuses sympathies de la Faculté.

Discours de M. H. Beaune

Président de l'Académie des Sciences Belles-Lettres et Arts de Lyon

---

Messieurs,

Quelques mots encore, je vous prie. Au milieu du long cortège de collègues et d'amis qui se pressent autour de ce cercueil, après les prières liturgiques, terrestre message qui suit l'âme délivrée de ses liens jusqu'au ciel, après les voix éloquentes et émues que vous venez d'entendre, je n'aurais qu'à garder un respectueux silence, s'il ne me restait un devoir supérieur à remplir, si je n'étais chargé de déposer sur le bord de cette fosse, comme un rameau de buis mouillé de larmes, les amers regrets de l'Académie des Sciences, Arts et Belles-Lettres de Lyon. Les grandes douleurs sont muettes : ne semble-t-il pas que, dans ce deuil général, à l'exemple des proches par le sang, ce pourrait être, au moins, la triste excuse des corps qui, telle notre modeste Compagnie, ne forment qu'une seconde et étroite famille ?

Paul Rougier lui appartenait depuis vingt-neuf ans. Il était notre sous-doyen : un confrère seul lui a ravi ce privilège de l'ancienneté. Il était entré parmi nous en 1872, encore jeune d'âge, mais déjà mûr de services et de travaux, entouré d'une honorable et juste notoriété acquise au Barreau, dans la science juridique, dans les œuvres de bienfaisance sans lesquelles toute réputation reste à

Lyon incomplète, dans le haut enseignement. Un des fondateurs du *Moniteur Judiciaire*, rédacteur patient et zélé de la *Jurisprudence* de notre Cour d'appel, professeur infatigable et toujours écouté de l'Ecole libre de Droit lyonnaise qui devait, plus tard se fondre dans la Faculté créée par l'Etat, membre d'innombrables Sociétés, depuis le petit groupe d'amis du *Decem* où s'épanouissait son active et enthousiaste jeunesse, jusqu'aux multiples Associations de Secours mutuels qui s'honoraient de sa présidence et dont il demeura l'un des principaux organes, conseiller de l'Association des Médecins du Rhône et de l'Œuvre des Incurables de Saint-Albans, enfin digne rejeton d'un médecin de grande valeur, notre confrère lui-même depuis 1853 et qui fut élevé aux honneurs présidentiels, il eût pu, sans sotte vanité, aspirer beaucoup plus tôt à s'asseoir à ses côtés parmi nous. Mais il était plus ambitieux d'estime que de distinctions ; il ne voulait les devoir qu'à son labeur ; s'il aimait les conquêtes, il avait le dédain de celles qui ne sont point disputées. Son étude sur les *Associations ouvrières*, publiée en 1864 et aussitôt couronnée par l'Académie, ne lui en ouvrit les portes que huit ans après. Un commentaire de la loi du 11 juillet 1868 sur *les Assurances* populaires fut l'ocasion, dirai-je le prétexte ? de sa candidature. Dès longtemps il était sacré, bien mieux il était né académicien.

On en jugea facilement au lendemain de son entrée. Son grave et suggestif discours de réception sur *l'ordre moral dans la Société et les devoirs des classes supérieures*, donna, de suite, la mesure de sa portée philosophique et de l'élévation de ses vues sociales. Il les avait empruntées à son maître, l'abbé Noirot ; c'est tout dire. Nous sortions à peine des désastres de la guerre étrangère et, ce qui est pis encore, des luttes fratricides de la guerre civile. Que de ruines à réparer, de blessures presque inguérissables à panser et surtout quels remèdes à découvrir, quels moyens d'en prévenir le retour ! Le président élu du *Dispensaire*, l'héritier légitime de la fondation paternelle, n'hésita point : avec la tendre compassion, avec la charité chrétienne, mais aussi avec l'énergique virilité qu'il apportait à soulager les maux physiques de la classe laborieuse, il entreprit, non sans quelque audace, la cure d'autres maux peut-être plus graves et plus dangereux encore ; il osa rappeler les classes pour qui l'on travaille, la Société tout entière à leurs devoirs ; il fit saigner la plaie afin de mieux en préparer la guérison.

Qui lui en avait inspiré la pensée et surtout donné le courage ? Ah ! Messieurs, je ne veux pas revenir, même en passant, sur ce qui vous a été si bien dit tout à l'heure avant moi. C'est qu'outre ses sentiments religieux dont il ne faisait ni mystère ni parade, Paul Rougier était, dès sa première jeunesse, profondément imbu des doctrines économiques auxquelles la Cité lyonnaise a donné un de leurs plus illustres représentants, et qui commençaient à s'y répandre, avec son concours et à sa grande joie. Cette économie politique qu'il n'a pas cessé d'enseigner pendant plus d'un quart de siècle, il en était épris ; il avait ce que notre jeunesse, à nous, possédait encore et ce que celle d'aujourd'hui, dit-on, n'a plus guère : la flamme. Elle communiquait, sans qu'il y prît garde, à son âme naturellement douce, conciliante et pacifique, une chaleur que l'âge des désillusions et des désenchantements ne put jamais refroidir ; l'écrivain pondéré et circonspect, l'orateur discret jusque dans son abondance s'échauffait de sa passion du bien, de son culte pour la patrie ; il défendait sa thèse, pied à pied, avec une ténacité insoupçonnée ; il ne se résignait jamais au silence, encore moins à la défaite : cette résignation funeste et si commune de nos jours lui paraissait faite presque autant de lâcheté que d'impuissance, sinon de rancune.

Comme il était d'ailleurs à sa place au milieu de nous, comme il s'y trouvait à l'aise, comme il y prodiguait sans compter ses travaux ! Je ne parle pas seulement de la présidence à laquelle il fut promu en 1882-1883, mais aussi de ses communications à titre de simple membre toujours fidèle et assidu. Comptes rendus, rapports sur les prix, offrandes de livres nouveaux ou extraits de ses propres publications, analyses d'ouvrages originaux sur l'industrie de la soie, les syndicats profesionnels, la mutualité, sur les développements et les progrès de sa science préférée, il les multipliait au point d'en rendre ici l'énumération impossible. Dès qu'une Commission faisait appel à une bonne volonté, il offrait la sienne, non par estime de sa valeur, mais par amour du travail et par besoin d'être utile, de se dévouer. Ne nous souvient-il pas encore du magistral rapport qu'il nous présenta l'année dernière, à l'occasion du deuxième centenaire de l'Académie, sur l'une de nos sections, résumé dans lequel il embrassa d'un large coup d'œil l'histoire de la philosophie, de la morale, de la jurisprudence et de l'économie politique dans nos études de 1700 jusqu'à nos jours ? Et pourrais-je oublier, après la célébration de sa cinquantaine d'avocat, cette autre fête où nous eûmes la joie d'applaudir unanimement à la décoration de la Légion d'honneur que notre président, M. Ollier, attacha sur sa poitrine émue au nom de la Compagnie justement fière de son vénérable et cher collègue ?

Ce patriarche respecté — on peut lui donner ce nom, qu'il n'eût pas refusé du moins au sein de sa belle famille — était en même temps un homme de tradition. Quand le vent d'automne murmure, dans le feuillage mourant de ce lieu de repos, ces choses indistinctes et mystérieuses qui font l'imagination pensive, il lui apportait les frémissements de beaucoup d'âmes, sœurs aînées de la sienne ; il ranimait en sa pensée les bruits apaisés de jadis, soupirs étouffés du lointain pays de la mort, qui furent la vie tumultueuse du passé. Il se plaisait à ces souvenirs qui lui remontaient au cœur de la poussière des aïeux dont cette terre est faite. Il laissait librement agir en lui ces conseillers séculaires ; il les écoutait volontiers sans croire qu'il suffit à l'homme moderne d'apparaître pour réinventer et refondre le monde. La vertu efficace de la tradition qui n'est pas la routine, le travail occulte des générations disparues et que nous sentons rassemblées là, dans notre cerveau, qui les a mieux éprouvés, qui y a eu plus de foi que Paul Rougier, qui a mieux réalisé dans sa longue vie le vieil adage : *Constantia decet virum* ? Qui a été plus fermement l'homme, non d'un livre, mais de toute une pièce ? Et qui par l'exemple nous a mieux enseigné à le devenir ?

Messieurs, je ne sais si je me trompe, et si je ne sors pas de mon rôle. Mais lorsqu'on écoute avec anxiété, comme moi, du fond de ma retraite, les sourds craquements du globe, semblables aux bruits avant-coureurs des tremblements de terre, les fermentations des idées, des intérêts, des avidités, des convoitises qui bouillonnent dans les vieilles civilisations d'Europe comme dans les jeunes et hardis Etats du Nouveau-Monde, lorsqu'on assiste aux brusques ruptures de l'ancien équilibre des peuples et aux rapides transformations opérées à tous les points de vue dans les mœurs et les relations humaines, il est permis de dire, et c'est par là que je termine, que les hommes comme notre regretté confrère ne sont point, malgré la modestie de leur rôle, inutiles aux Sociétés modernes et que, soit dans leur vie, soit dans leur mort, leurs exemples, à eux seuls, sont pour tous un salutaire enseignement.

Discours de M. F. Regaud

Avocat

Au nom de l'Association des anciens étudiants de la Faculté de Droit

---

Les élèves du Professeur Rougier, anciens étudiants de la Faculté de Droit, et l'Association qui les représente ici, ont le devoir d'apporter, à leur tour, l'expression émue de leur reconnaissance à ce maître qui les a tant aimés.

Dans sa vie, si pleine d'œuvres admirables, M. Paul Rougier a donné une part immense de son activité et de son dévouement à la jeunesse.

De l'Ecole de Droit du Palais, dont il était l'un des fondateurs et fut le directeur, M. Rougier, appelé à la Faculté de Droit, lors de sa création, fut chargé de la chaire d'Economie politique.

Ce fut, pour le succès de la Faculté naissante, une fortune inappréciable. Les leçons du maître, en effet, avaient un charme véritable. Le jeune étudiant en droit, souvent rebuté par l'aridité des discussions juridiques, se jetait avec avidité sur ce cours où la variété des matières, la curiosité que l'esprit met à connaître les problèmes économiques et sociaux n'étaient pas les seuls attraits. La parole claire et agréable du professeur, ses leçons semées de récits, de traits personnels ou originaux, et qui fuyaient les rigueurs d'un enseignement dogmatique, augmentaient singulièrement l'intérêt pour l'auditeur.

La bienveillance paternelle de M. Rougier était acquise à tous : elle ne peut être surpassée.

Avec quel bonheur, ce vénéré maître suivait ses étudiants après la Faculté, toujours heureux d'applaudir à leurs premières victoires, ne marchandant point les conseils de son expérience à ceux que l'inspiration amenait chez lui ou que les luttes de la barre lui faisaient retrouver.

— Au nom du Président de notre Association, retenu en ce moment par des obligations impérieuses, au nom de cette Association d'anciens étudiants, dont vous aviez bien voulu encourager les premiers pas, au nom de vos disciples, merci ! vénéré maître !

Nous n'oublierons pas le haut enseignement de votre parole, ni celui admirable de votre vie entière. Chez nous, on pratique le double culte du souvenir et de la reconnaissance !

Discours de M. Gilardin

Conseiller à la Cour d'appel

Au nom de l'Œuvre du Dispensaire général

Au nom de l'Œuvre du Dispensaire général, je viens aussi rendre un dernier hommage sur la tombe de l'homme éminent, de l'homme de bien dont la perte si subite nous a tous consternés et a fait un si grand vide autour de nous.

M. Rougier a été depuis 1880, c'est-à-dire depuis plus de vingt ans, président de cette Œuvre d'initiative privée et d'utilité publique qui rend, dans notre ville, de si précieux services en donnant l'assistance aux malades indigents à domicile. Il appartenait déjà, depuis 1875, à son Conseil d'administration ; il était admirablement préparé à en prendre la direction par ses études sur les questions sociales et par sa participation à de nombreuses œuvres de charité et d'assistance. Il était, en effet, bien convaincu que la meilleure solution des problèmes de la misère devait consister dans l'initiative privée et dans le développement des idées religieuses qui devait en être le fondement. Il a bien vite compris toute l'importance et les bienfaits de cette institution qui pénètre dans les familles pour leur porter secours en respectant leurs liens, leurs affections et leurs dévouements, et qui est comme un réservoir où les diverses œuvres peuvent venir puiser les meilleurs moyens de remédier à toutes les misères.

Aussi M. Rougier s'est-il consacré tout entier à cette Œuvre qui répondait si bien à ses idées élevées et généreuse. Il l'a fait avec cette ardente charité, cette puissance du travail et cette activité infatigable qu'il a mises au service de toutes les œuvres philanthropiques et charitables.

Tout le monde sait quelle autorité il y avait acquise, quelle influence persuasive il y a exercée, entraînant tous ses collaborateurs par son exemple et sa passion pour le bien, prévenant toutes les difficultés et les conflits par son inépuisable bonté, et gagnant la confiance et l'affection de tous.

Son activité et son dévouement admirables n'ont pas faibli jusqu'à sa dernière heure, et on peut dire qu'il a accompli un véritable prodige en continuant, à son âge, au milieu de toutes ses occupations si multiples, un labeur qui aurait suffi à remplir la vie d'un autre. Aussi, l'Œuvre du Dispensaire n'a-t-elle pas cessé de progresser sous sa présidence et d'acquérir de nouveaux développements. Il a puissamment contribué à sa prospérité par ses remarquables rapports qui l'ont fait connaître et lui ont attiré de nombreux souscripteurs. En 1886, il a publié une intéressante étude sur l'histoire du Dispensaire général, et en 1888, il a écrit un important travail qu'il a lu à l'Académie de Lyon, sur l'assistance des malades à domicile, sur le présent et l'avenir de l'Œuvre lyonnaise.

Est-il besoin de rappeler toutes les améliorations et tous les progrès qui sont dus à ses soins et à son influence ?

En 1888, le recrutement des médecins du Dispensaire qui, jusqu'alors, avait eu lieu au choix, est soumis aux conditions du concours, comme dans l'Administration des Hospices.

En 1889, on décide la création d'une Ecole gratuite de gardes-malades qui est confiée au docteur Horand, et dans laquelle des diplômes sont délivrés, à l'expiration de la seconde année.

L'année suivante, c'est un organe de publicité, le *Bulletin médical et administratif* qui est organisé par les soins des médecins pour centraliser les renseignements de l'Œuvre et les rapports des médecins.

Enfin, cette organisation est complétée, en 1900, par la fusion qui a été accomplie entre le Dispensaire général et le Dispensaire spécial qui avait existé, jusque-là, à Lyon, d'une manière séparée.

Tels sont les développements que M. Rougier est parvenu à réaliser et qui ont fait, du Dispensaire général, une Œuvre unique et complète pour l'assistance des malades à domicile, comme il n'en existe aucune autre en France, en montrant tous les résultats que la charité privée peut obtenir. Le nom de M. Rougier y restera toujours attaché, pour perpétuer la mémoire des services qu'il a rendus à cette Œuvre si éminemment utile, et des titres qu'il a ainsi acquis à l'admiration et à la reconnaisance de ses concitoyens.

Quel était donc le secret de cette puissance de travail, de cet infatigable dévouement, et de cette exquise bonté qui étaient les qualités maîtresses de notre regretté président, qui lui ont donné une si grande influence et qui lui ont acquis l'estime et les sympathies de tous ? Il nous l'a lui-même révélé dans les beaux rapports qu'il a lus à l'Académie sur les prix de vertu, et dans les discours si touchants qu'il a prononcés à l'occasion de la célébration de son cinquantenaire, au Barreau. Ce secret, c'était la conception qu'il s'était faite d'un grand idéal chrétien, qu'il n'a cessé de poursuivre jusqu'à la fin de sa vie, estimant que l'homme ne devait jamais marchander ses labeurs et son dévouement, ayant, au delà du temps, l'infini, pour se reposer. Sa bonté et sa charité inépuisables avaient leur source et leur soutien dans ses profondes convictions spiritualistes et religieuses qui ont été l'explication de sa force et de sa haute valeur morale.

Soyez béni, cher Président, pour tout le bien que vous avez fait, et pour les grands exemples que vous nous avez laissés. Puissions-nous mériter, comme vous, le repos et les récompenses éternelles.

Discours de M. le Dr Chappet

Au nom de l'Association des Médecins du Rhône

L'Association des médecins du Rhône a aussi sa part à apporter à cette unanime expression de regrets. Elle ne peut oublier, en effet, que M. Rougier fut un de ses amis de la première heure et toujours un de ses collaborateurs les plus dévoués — attaché doublement à la famille médicale, par son père, qui fut un de nos fondateurs et un de nos présidents, et plus tard par son fils qui porte dignement un nom si honoré dans notre ville ; il nous offrit peu après notre création ses services désintéressés, en qualité de conseil judiciaire, et l'occasion ne tarda pas à se présenter pour lui, de nous prouver que ce titre n'était pas purement honorifique. A cette époque, en effet, nous avions l'illusion de penser qu'il était utile, autant pour le public que pour nous, de combattre l'exercice illégal de la médecine. Il fut donc décidé qu'on s'attaquerait à la personnalité la plus en vue, à une célèbre guérisseuse dont le cabinet était fréquenté par des gens du meilleur monde. M. Rougier se mit bravement à l'œuvre, et, dans les années 1858 et 1859, obtint deux condamnations successives confirmées par un arrêt de la Cour. Malgré tout le talent déployé par notre avocat, nous n'avions obtenu que les apparences d'un succès, les deux jugements et l'arrêt n'ayant fait que mettre la partie adverse sur un piédestal et élargir sa notoriété ; dès ce moment, notre Association crut devoir renoncer aux poursuites.

Mais pour n'avoir pas à plaider, M. Rougier ne nous continua pas moins son dévoué concours. En 1860, il nous communique un remarquable rapport sur la modification du taux des honoraires médicaux. L'année suivante, il fait partie d'une Commission nommée à l'effet d'en étudier le recouvrement. Puis, en 1866, il traite avec les docteurs Diday et Paul Meynet, la question des rapports entre les médecins et les Sociétés de secours mutuels. Ses travaux, si importants sur la mutualité, lui donnaient sur ce sujet une compétence toute particulière.

Dans les années qui suivirent, MM. Tavernier et Garin voulurent bien s'adjoindre à leur ancien confrère et nous aider de leurs conseils dans les affaires d'ordre judiciaire.

M. Rougier, qui avait été nommé membre honoraire de notre Association, faible récompense pour tant de services rendus, ne se désintéressa pas du fonctionnement d'une Société à laquelle de si nombreux liens ne cessaient de le rattacher. Il continua à prendre part à nos séances dans les limites que lui imposaient ses multiples occupations. Ses opinions avaient toujours le poids et l'autorité que lui donnaient ses fortes études et sa longue expérience.

C'est à l'un des rares survivants de l'époque de notre fondation qu'il nous faut dire adieu aujourd'hui. Au 1er janvier 1902, l'Association des médecins du Rhône aura atteint son cinquantième anniversaire. En le célébrant, elle aura alors la douleur de ne pas pouvoir remercier et féliciter un de ses membres les meilleurs et les plus justement aimés. Une pensée la consolera, celle du bonheur éternel que Dieu, dans sa justice, lui aura sans doute accordée.

Discours de M. Courtois

Au nom du Comité général des Sociétés de Secours mutuels

Messieurs,

Je viens, au nom du Comité général des Sociétés de Secours Mutuels du Rhône, dont il fut un des fondateurs et Président actif, adresser un suprême adieu à son Président honoraire, Paul Rougier.

Je n'effleurerai que ce qu'il a été pour nous : le conseiller bienveillant, affectueux, toujours prêt à rendre service ; il aimait tant la mutualité ! Il nous l'a dit souvent : le temps que lui laissait de libre sa longue carrière de Professeur de l'Université lyonnaise, il en faisait deux parts : l'une pour son estimable famille, l'autre pour la mutualité et les œuvres de prévoyance.

J'aime à le rappeler une dernière fois ici, devant nos amis communs, attristés : en 1887, lorsque la Mutualité lyonnaise, émue de ce que le taux d'intérêt venait d'être abaissé, nous fûmes choisis, M. Rougier, M. Bleton et votre serviteur, pour tenter une démarche auprès des pouvoirs publics, c'est à lui que nous confiâmes le rapport si intéressant qui fut publié dans la *Prévoyance mutuelle*. Qui de nous ne se rappelle aussi qu'il fut nommé rapporteur général au Congrès de Paris, en 1889, présidé par l'honorable M. Maze, qui le félicita lui-même de ce travail si rapidement fait.

Ce rapport suffirait à embellir cette carrière mutualiste si bien remplie depuis quarante ans.

Nous venons modestement déposer sur sa tombe une couronne, qui rappellera à sa veuve, à ses enfants, à toute sa famille, les regrets et le vide qu'il laisse dans la Mutualité lyonnaise où il comptait tant d'amis.

L'année dernière, cette Mutualité célébrait, dans une fête modeste, cette récompense due pour les nombreux services rendus à toutes les œuvres auxquelles il a mêlé son nom, cette décoration si bien méritée.

Reposez en paix, cher Maître, nous ne pensions pas, nous qui avons collaboré près de vingt ans ensemble. vous perdre si vite, et c'est bien là, au moment de nous séparer de vous, que l'on doit rappeler le souvenir de vos sages et bons conseils : la Mutualité est toute faite d'amitié ; elle doit unir de plus en plus nos cœurs vers cet idéal que vous avez si souvent préconisé : sagesse, travail et fraternité !

Puissent ces quelques paroles atténuer la douleur de cette estimable famille, si éprouvée.

Au nom de la Mutualité lyonnaise, nous vous adressons, M. Paul Rougier, un suprême adieu.

Discours de M. Huot

Président de la 112e Société de Secours mutuels

Messieurs,

Appelé depuis un an à peine à prendre la lourde succession de M. Paul Rougier, comme président de la 112e Société de Secours mutuels, j'avais beaucoup compté sur son concours officieux pour m'aider à mener à bien la noble tâche qu'il a, lui-même, si bien remplie pendant 33 années consécutives.

Dès les premiers jours de mon installation, je me rendis auprès de lui pour entendre sa voix autorisée et recevoir ses sages conseils ; je conserverai toujours le souvenir de l'excessive urbanité avec laquelle il me reçut ; je compris, dans ses paroles, qu'il cherchait à me pénétrer de l'amour si grand qu'il avait pour notre Société ; je sentis que s'il avait contribué indirectement à mon élection, c'était avec l'espoir qu'il trouverait un successeur digne de défendre son œuvre féconde, capable de la maintenir et de la développer.

Paul Rougier avait cette qualité suprême qui caractérise les grands cœurs ; la modestie ; j'ai encore présent à la mémoire la réponse qu'il fit à notre vice-président lorsque, dans la soirée mémorable du 23 juin 1900, les membres de la 112e lui offrirent, par souscription, cette croix de la Légion d'honneur, symbole du mérite et de la vertu, que le Gouvernement de la République lui avait décernée.

Loin de reconnaître, que sa distinction était la juste récompense de son travail pour les œuvres mutualistes et son dévouement à la 112e, il faisait, au contraire, ressortir que la prospérité croissante de sa chère 112e comme il l'appelait, était l'œuvre propre de ses membres et il ajoutait : « Je n'ai eu, vis-à-vis d'elle, d'autre rôle que celui d'un témoin. »

Ainsi donc, cet homme de bien entre tous ne se contentait pas d'être fervent et dévoué envers les œuvres mutualistes, envers tous ceux qui souffrent et ont besoin de protection, mais il voulait que sa tâche remplie avec autant de compétence que de modestie fût à l'éloge de ceux qui en étaient les premiers bénéficiaires.

Inspirons-nous de son œuvre, inspirons-nous également de ses vertus ; Paul Rougier, j'avais beaucoup compté sur toi pour me seconder dans l'accomplissement de ma nouvelle charge, mais puisque le destin implacable t'a ravi pour toujours à l'affection de tous ceux que tu as défendus et obligés sur la terre, puisses-tu, dans un autre monde, trouver la juste récompense de ton dévouement à l'humanité et, si du moins, tu n'es plus avec nous pour nous conseiller et nous encourager, que ton souvenir, planant sur nos esprits, nous inspire ces belles vertus qui ont consacré la Mutualité et assuré ton immortalité.

Au nom de tous ceux que tu as secourus, au nom de tous les Mutualistes, au nom surtout de tous les membres de la 112e, je t'envoie, avec le dernier adieu, l'hommage de notre plus grande affection.

Adieu, cher Président, adieu !

Ces manifestations si touchantes, qui ont éclaté unanimement à l'occasion du décès de Paul Rougier, furent l'occasion de nombreux articles relatant les obsèques, et dont voici les principaux :

Ce matin ont eu lieu les obsèques de M. Jean-Claude-Paul Rougier, avocat à la Cour d'appel, professeur d'économie politique à la Faculté de droit de l'Université de Lyon, ancien président de l'Académie des sciences, arts et belles-lettres de Lyon, président du Dispensaire général de Lyon.

Tout ce que notre ville compte de notabilités avait tenu à saluer une dernière fois la dépouille mortelle de l'homme de bien disparu.

La préfecture, le gouvernement militaire, le conseil général, le conseil municipal étaient représentés.

M. Compayré, recteur de l'Académie de Lyon ; les doyens et les professeurs de la Faculté de droit, des Facultés de médecine et des lettres, un grand nombre d'avocats en robe, de nombreux médecins, les membres de l'Académie de Lyon, de la Société d'Economie politique, les Sociétés présidées par le défunt, une foule d'amis et de personnalités lyonnaises accompagnaient le cercueil sur lequel avaient été placées les robes d'avocat et de professeur du défunt ainsi que ses décorations.

Les membres de la famille conduisaient le deuil.

Au milieu d'une considérable assistance, le cortège funèbre se rend à l'église Saint-Nizier, où est célébré un office religieux. Mgr le cardinal Coullié, archevêque de Lyon, avait tenu à montrer de quelle estime profonde il entourait le regretté défunt en assistant à la cérémonie ; par lui l'absoute a été donnée.

C'est au cimetière de Loyasse qu'avait lieu l'inhumation. De nombreux discours ont été prononcés.

M. Compayré, recteur de l'Académie de Lyon, rappelle quelles ont été depuis un an les pertes subies par cette dernière. Il fait ensuite l'éloge de l'homme de travail que fut M. Paul Rougier, il rend hommage au professeur, savant pionnier dans notre cité de la science juridique, à l'économiste distingué, au citoyen partisan et défenseur des idées libérales. M. Compayré dépose sur la tombe de cet homme de dévouement et de bien, le souvenir ému, le tribut des regrets de l'Université.

M. Caillemer, doyen de la Faculté de droit, retrace la brillante carrière de M. P. Rougier. Il suivit à Lyon les cours du célèbre abbé Noirot qui orientèrent son esprit vers l'étude de l'Economie politique. A la Faculté de droit de Paris, il fut acteur et témoin des émeutes sanglantes de 1848. Inscrit en 1850 au Barreau de Lyon, il obtint le doctorat en 1852, et se signala, dès lors, par la publication de nombreux ouvrages juridiques.

Il présidait en 1869 cette union des jeunes avocats de Lyon d'où devait naître la Faculté de droit. Professeur d'économie politique en 1879, l'élévation de son talent et de son caractère lui amenèrent le respect et l'estime de tous. Il était, l'an dernier, nommé chevalier de la Légion d'honneur.

M. Caillemer fait l'éloge de M. Rougier, aussi grand par le cœur que par le travail, guidé en sa vie par un idéal de charité, confiant et paisible en face de la mort.

Au nom de l'Académie des Sciences, Belles-Lettres et Arts de Lyon, M. H. Beaune rappelle quels furent le dévouement, l'amour du travail du regretté défunt ; il dit de quelle sollicitude il entoura l'Académie, de quels services, de quels travaux celle-ci lui demeure redevable.

MM. Gilardin, Regaud, Courtois, Huot, Chappet, ont

ensuite prononcé des allocutions émues au nom du Dispensaire général, des anciens élèves de M. P. Rougier, du Comité général des Sociétés de Secours mutuels du Rhône, de la 112e Société de Secours mutuels, de l'Association des médecins du Rhône.

Le *Salut Public* s'incline une dernière fois devant la tombe de l'homme éminent et charitable que fut M. P. Rougier.

Il présente aux membres de sa famille si cruellement éprouvés le respectueux hommage de ses regrets et de ses condoléances.

Le *Salut Public*, journal de Lyon, n° du 9 novembre 1901.

Une foule considérable accompagnait hier la dépouille mortelle de M. Paul Rougier, avocat à la Cour d'appel, professeur d'économie politique à la Faculté de droit de l'Université de Lyon, ancien président de l'Académie des sciences, arts et belles-lettres de Lyon, président du Dispensaire général de Lyon.

Tous les corps élus, toutes les Sociétés littéraires, tout ce que Lyon compte de notabilités, assistaient aux funérailles de cet homme de bien ; on y voyait, à côté des représentants du Barreau, de la magistrature, du conseil municipal, du conseil général, de l'autorité militaire, M. Compayré, recteur de l'Académie de Lyon ; les doyens et les professeurs de la Faculté de médecine et des lettres, un grand nombre d'avocats en robe, de nombreux médecins, les membres de l'Académie de Lyon, de la Société d'Economie politique, les Sociétés présidées par le défunt.

Au cimetière de Loyasse, avant l'inhumation, M. Compayré a pris le premier la parole. Il rappelle quelles ont été depuis un an les pertes subies par l'Académie de Lyon. Il fait ensuite l'éloge de l'homme de travail que fut M. Paul Rougier. Il rend hommage au professeur, savant pionnier dans notre cité de la science juridique, à l'économiste distingué, au citoyen partisan et défenseur des idées libérales. M. Compayré dépose sur la tombe de cet homme de dévouement et de bien, le souvenir ému, le tribut des regrets de l'Université.

M. Caillemer, doyen de la Faculté de droit, retrace la brillante carrière de M. P. Rougier. Il suivit à Lyon les cours du célèbre abbé Noirot qui orientèrent son esprit vers l'étude de l'Economie politique. A la Faculté de droit de Paris, il fut acteur et témoin des émeutes sanglantes de 1848. Inscrit en 1850 au Barreau de Lyon, il obtint le doctorat en 1852, et se signala, dès lors, par la publication de nombreux ouvrages juridiques.

Il présidait en 1869 cette union des jeunes avocats de Lyon d'où devait naître la Faculté de droit. Professeur d'économie politique en 1879, l'élévation de son talent et de son caractère lui amenèrent le respect et l'estime de tous. Il était, l'an dernier, nommé chevalier de la Légion d'honneur.

M. Caillemer fait l'éloge de M. Rougier, aussi grand par le cœur que par le travail, guidé en sa vie par un idéal de charité, confiant et paisible en face de la mort.

Au nom de l'Académie des sciences, Belles-Lettres et Arts de Lyon, M. H. Beaune rappelle quels furent le dévouement, l'amour du travail du regretté défunt; il dit de quelle sollicitude il entoura l'Académie, de quels services, de quels travaux celle-ci lui demeure redevable.

MM. Gilardin, Regaud, Courtois, Huot, Chappet ont ensuite prononcé des allocutions émues au nom du Dispensaire général, des anciens élèves de M. P. Rougier, du comité général des Sociétés de Secours mutuels du Rhône, de la 112° Société de Secours mutuels, de l'Association des médecins du Rhône.

L'Express, journal de Lyon, n° du 10 novembre 1901.

Les obsèques de M. Paul Rougier, avocat à la Cour d'appel et professeur à la Faculté de droit, ont eu lieu hier matin au milieu d'une affluence considérable et profondément recueillie.

Au domicile mortuaire d'abord c'était un touchant spectacle que celui des petits-enfants formant une garde d'honneur et veillant une dernière fois autour du cercueil du grand-père.

Sans compter les amis particuliers du défunt, toutes les notabilités de la magistrature, des professions libérales et du commerce composaient un long cortège en tête duquel venaient l'Ordre des avocats, la Faculté de droit et les délégations de l'Université. Le deuil était conduit par les fils du défunt, M. le docteur Rougier et M. C. Rougier, avoué à la Cour ; par son gendre, M. Garraud, professeur à la Faculté, et ses petits-fils, MM. Algoud et Bugand.

A l'église Saint-Nizier, la cérémonie religieuse a été célébrée sous la présidence de Son Eminence le cardinal-archevêque de Lyon qui a donné l'absoute.

Au cimetière les représentants des corps constitués et des associations au sein desquels M. Rougier exerça son dévouement ont rendu un éloquent hommage à la mémoire de ce dernier. M. le recteur Compayré a parlé au nom de l'Université ; M. le doyen Caillemer, au nom de la Faculté ; M. Beaune, président de l'Académie de Lyon, au nom de cette compagnie ; M. le conseiller Gilardin au nom de l'œuvre du Dispensaire. D'autres discours ont été prononcés par M. Regaud, avocat, au nom de l'Association des anciens étudiants en droit ; par M. le docteur Chappet, président de la Société des médecins du Rhône ; par les présidents de la 112e Société de Secours mutuels et du comité général des mutualistes.

Enfin, un membre de l'Œuvre des hospitaliers-veilleurs, dont M. Rougier faisait partie, a récité, suivant l'usage, les cinq *Pater* et les cinq *Ave* que cette confrérie dit sur la tombe de ses défunts ; et l'assistance, très impressionnée, a répété à haute voix cette dernière et simple prière.

Le Nouvelliste, journal de Lyon, n° du 10 novembre 1901.

Le samedi 9 novembre, un cortège nombreux a conduit Jean-Paul Rougier à sa dernière demeure. Les représentants du Barreau, de l'Université, de la Mutualité ont tenu à honneur de lui rendre les suprêmes devoirs : toutes les autorités s'étaient fait représenter ; plusieurs discours ont été prononcés au nom de l'Université de Lyon, de l'Académie des Sciences, Belles-Lettres et Arts, du Comité général des Sociétés de Secours mutuels de la 112e et des différentes Institutions dont il était ou avait été président.

Il incombe au *Mutualiste Lyonnais*, dont Rougier fut un des collaborateurs, de retracer en quelques lignes sa carrière de mutualiste.

En 1864, l'Académie des Sciences, Belles-Lettres et Arts de Lyon avait mis au concours une Histoire des Associations ouvrières de Lyon, Rougier obtint la médaille d'or, prix du concours.

L'étude qu'il avait présentée embrasse l'histoire des collèges romains du Lugdunum antique, des confréries du moyen-âge, du compagnonnage, des corporations de métiers pendant les temps qui ont précédé la Révolution. Puis, l'auteur, abordant les associations au XIXe siècle, a dressé à la fois un historique et un tableau des Sociétés de secours mutuels.

Elles étaient entrées, depuis une douzaine d'années

seulement, dans la voie ouverte par le décret de 1852. voie étroite encore, mais qui devait néanmoins conduire ces institutions à des résultats que Rougier fait pressentir.

Dans les hautes sphères sociales, peu d'hommes accordaient alors leur attention aux Sociétés de secours mutuels. Dans le monde du travail, rien n'aidait à la diffusion des études économiques. L'Histoire des Associations ouvrières ne dépassa pas un cercle restreint de lecteurs.

L'ouvrage ne fut pas, cependant, sans attirer sur l'auteur l'attention des membres de « l'Union lyonnaise ». Société composée d'employés de commerce, de commis d'administration et de clercs d'officiers ministériels (112e). Cette association, fondée en 1848, avait traversé une première période de dix-huit ans, peu prospère pour elle.

Soit inexpérience, soit prodigalité, dit la notice fournie au Comité général en 1889, « elle avait compromis ses ressources par des libéralités excessives et extrastatutaires, en cas de chômage, et par des placements hasardés ». Ce dernier mot est un euphémisme pour pallier le vrai terme qui serait malversation.

Une délégation vint prendre conseil auprès de Rougier, et l'Assemblée générale ne crut pouvoir mieux faire que de lui décerner la présidence de la Société, qu'il accepta et conserva pendant trente-trois années. de 1867 à 1900. Plus tard, en 1877, il se vit offrir une seconde présidence : celle de la 229e Société de secours mutuels (Demoiselles employées de commerce). Je n'apprendrai rien à personne en disant que, sous sa direction, ces deux Associations ont atteint, chacune dans une mesure différente, une pleine prospérité.

Quand se fonde le Comité général, en 1871, Rougier prend une part active à cette création. Il y succède comme président à L. Guillard, pour les années 1876 et 1877.

En 1887, la Mutualité lyonnaise, inquiète des tendances que manifestait le rapport déposé au nom de la Commission chargée par la Chambre des députés d'examiner le projet de loi sur les Sociétés de secours mutuels, décide d'envoyer à Paris une délégation.

La délégation était composée de MM. Rougier, Bleton et Courtois. Sa mission était assez ardue ; demander le retrait d'un projet de loi qui, depuis six ans, occupait le Parlement, était osé et nouveau. Aussi M. Fallières, alors ministre de l'Intérieur, ne put-il s'empêcher de dire aux délégués : « C'est la première fois que je vois des citoyens français demander au Gouvernement de ne pas s'occuper d'eux ».

Rougier fut chargé par ses collègues de rédiger un rapport qu'il présenta à l'assemblée extraordinaire des Sociétés de Lyon, tenue le 17 juin suivant. Ce rapport, solidement établi et divisé en neuf points, fut envoyé à la Commission parlementaire et prit certainement place parmi les documents émanés de la Mutualité dont se sont inspirés les législateurs.

Notre collègue n'assista qu'à un Congrès national : celui de Paris, ouvert le 4 juin 1889. La part distinguée qu'il y a prise est pour nous faire regretter qu'il se soit abstenu de se rendre aux autres. Nul n'a oublié le clair et magistral rapport qu'il lut au nom de la première Commission du Congrès : « Quelles sont les garanties fondamentales que doivent présenter à leurs adhérents toutes les Sociétés de Secours mutuels et Unions de Sociétés ? » Cette étude est toujours à relire, après douze ans écoulés.

Nombreux sont, d'ailleurs, les écrits qu'il a consacrés aux questions sociales, plaçant toujours au premier rang les études relatives aux Sociétés de secours mutuels, puisque l'assurance contre le chômage, résultant de la maladie ou de l'invalidité, est l'acte premier et indispensable du travailleur qui veut prévoir, épargner, améliorer sa condition.

Voici une nomenclature des plus importantes publications qui ont suivi l'histoire des Associations ouvrières :

Les *Assurances populaires*, commentaires de la loi de 1868. — Les *Invalides du travail* (1875). — Les *conditions du travail en France* (1879). — *De l'assistance à domicile* (1888). — Les *Sociétés de secours mutuels*, conditions et réformes (1889). — *Les Femmes dans les Sociétés de secours mutuels* (1893). — Les *Sociétés de secours mutuels devant le Parlement (1895).*

Chez Rougier, professeur à la Faculté de droit, le mutualiste était doublé d'un juriste expérimenté. Aussi notre collègue était-il le conseil en titre de plusieurs Institutions et le conseil bénévole de tous les présidents embarrassés par quelque difficulté d'ordre statutaire ou administratif. Plus d'une fois, il a prêté son concours à titre gracieux, dans les instances portées devant les Tribunaux.

De tels services devaient attirer l'attention de l'Administration publique. En 1895, Rougier reçut la Médaille d'or.

Quant à la croix de la Légion d'honneur, il devait l'attendre longtemps encore. Tout d'abord, pendant une très longue période, il n'a pas été décerné de croix à la Mutualité française. Sauf erreur, la première décoration accordée par le Gouvernement de la République est celle que le président Carnot remit, en 1890, à un de nos collègues de Marseille. Elles ont été depuis très clairsemées, et plusieurs n'ont pas uniquement récompensé des services rendus à la Mutualité. Mais quelques titres que Rougier eût à produire d'autre part, c'est bien comme mutualiste qu'il a reçu cette haute et suprême récompense, le 31 mai 1900. La distinction était donc pour réjouir doublement la Mutualité lyonnaise.

Certes, s'il était descendu dans la tombe sans avoir obtenu ce dernier honneur, cela n'eût en rien diminué ni l'homme, ni son œuvre. Mais il est bon et consolant qu'on ne voie pas s'achever de telles vies, sans qu'une juste distinction soit venue prouver l'intérêt que les pouvoirs publics portent aux Institutions de Mutualité.

A. B.

Le Mutualiste Lyonnais, journal de Lyon, n° du 25 novembre 1901.

L'Œuvre du Dispensaire général vient d'être bien cruellement frappée en perdant son président, M. Paul Rougier, qui l'a dirigée depuis plus de vingt ans avec une activité infatigable et un admirable dévouement. Il est mort en 48 heures d'une congestion pulmonaire, à l'âge de 75 ans, et cette fin si subite a causé dans notre ville une profonde consternation. M. Rougier occupait à Lyon une place considérable, non seulement au Palais et à l'Ecole de droit, à l'Académie des sciences, belles-lettres et arts de Lyon, mais dans un grand nombre d'œuvres philanthropiques et charitables où il a prodigué jusqu'à sa fin une activité infatigable et le plus admirable dévouement.

M. Rougier était né à Lyon, le 16 juin 1826, et était fils d'un médecin qui avait laissé dans notre ville les plus honorables souvenirs. Il avait fait ses études au Lycée de Lyon où il avait été l'élève et le disciple de l'abbé Noirot. Entré au Barreau, le 15 janvier 1850, il n'a pas cessé de lui appartenir et d'en conserver les plus nobles traditions. Il a collaboré longtemps au *Moniteur Judiciaire* et au *Recueil de Jurisprudence de la Cour de Lyon*. Aussi les avocats ont-ils célébré en 1900 par une fête et un banquet, la cinquantaine de son inscription au Barreau.

En 1868, M. Rougier avait contribué à fonder à Lyon, avec plusieurs de ses confrères, l'Ecole libre de droit dont les cours avaient lieu au Palais de Justice. En

1875, il fut nommé professeur d'Economie politique à la nouvelle Faculté de Droit de l'Etat, et, depuis cette époque, il n'a cessé d'occuper cette chaire avec une grande autorité, entouré de l'estime et de l'affection de tous.

En 1873, il a été élu membre de l'Académie des sciences, belles-lettres et arts de Lyon, dont il est devenu le président et où il n'a cessé de marquer sa place par des publications et des rapports qui forment une œuvre considérable.

En 1890, il avait été décoré de la Légion d'honneur, à l'occasion du centenaire de l'Académie.

M. Rougier s'était particulièrement livré à l'étude des questions sociales et des meilleures solutions à apporter aux problèmes de la misère. En 1864 et en 1869, il avait publié déjà deux ouvrages importants sur les assurances populaires et sur les associations ouvrières, leur passé, leur présent, et leurs conditions de progrès. Il s'est occupé tout spécialement de la question de la Mutualité ; il a contribué à l'organisation de nombreuses Sociétés de secours mutuels, et a été président du Comité général des mutualistes du Rhône, fondateur et vice-président de la Société protectrice de l'Enfance, président de l'Œuvre des Incurables de Saint-Albans, il n'a pas ménagé son dévouement à toutes les œuvres d'assistance et de charité.

Mais il s'est consacré d'une manière toute particulière à l'œuvre du Dispensaire général qu'il avait été admirablement préparé à diriger par ses études et ses travaux sur les œuvres d'assistance. Il est entré en 1875 dans son Conseil d'administration et il en a été élu président en 1880. Depuis cette époque, il s'est donné tout entier à cette œuvre avec une ardente charité, une activité infatigable et un dévouement que l'âge n'avait pu affaiblir. Il s'était tellement identifié avec l'œuvre qu'il la personnifiait tout entière, ayant acquis une légitime autorité par les grands services qu'il y a rendus. Il s'était en même temps concilié la confiance et l'affection de tous par son aménité et son inépuisable bonté. Aussi sa perte a-t-elle causé à tous ses collaborateurs une profonde affliction, comme elle a été douloureusement ressentie par tous dans notre Cité. Ses funérailles ont eu lieu au milieu d'une affluence considérable et de nombreux discours ont été prononcés sur sa tombe. Nous publions celui qui a été prononcé par M. Gilardin, en qualité de vice-président de l'Œuvre du Dispensaire.....

Bulletin médical et administratif du Dispensaire général de Lyon, n° du 15 novembre 1901.

Notre jeune Revue vient de faire une perte cruelle en la personne de M. Paul Rougier, professeur à la Faculté de droit, membre du Comité de patronage des Questions pratiques, décédé à Lyon, le 6 novembre 1901, dans sa 76e année.

Fondateur de l'Ecole du Palais, qui précéda et prépara dans notre ville l'enseignement officiel, attaché dès l'origine (1875) comme professeur d'Economie politique à la Faculté de Droit de Lyon, P. Rougier restera l'une des plus nobles figures de l'enseignement et du Barreau lyonnais au XIXe siècle.

Travailleur infatigable, d'une intelligence très ouverte et très souple, philanthrope éclairé et d'un dévouement inlassable, il n'est pas une œuvre lyonnaise d'assistance ou de prévoyance à laquelle il n'ait apporté son concours désintéressé, pas une branche de la science économique, si vaste, qu'il n'ait explorée, et où il n'ait marqué son empreinte.

De plus qualifiés feront ressortir la place importante qu'il réussit, il y a tantôt un demi-siècle, à conquérir au Barreau, ainsi que dans la presse judiciaire et dans la presse mutualiste, dont il était le doyen respecté : place qu'il conserva, grâce à une puissance de travail vraiment exceptionnelle, jusqu'à son dernier jour. D'autres retraceront les mérites littéraires qui lui ouvrirent, jeune encore, l'accès de l'Académie de Lyon, cette illustre doyenne des Académies provinciales. D'autres enfin loueront comme il convient le zèle et l'autorité qu'il déploya, pendant de longues années, comme président d'œuvres multiples, notamment du Dispensaire général, de la 112e Société de secours mutuels de notre cité lyonnaise, si justement fière de ses œuvres de solidarité sociale.

C'est au rôle du professeur, du savant, de l'économiste distingué que nous désirons nous attacher spécialement. Ce que fut P. Rougier comme professeur, vingt-cinq générations d'étudiants — dont le signataire de cet article, qui s'honore d'avoir été le disciple de celui dont il devint plus tard le collègue — pourraient l'attester. Quelque opinion que l'on puisse avoir sur le fond des doctrines libérales, auxquelles notre éminent collègue était demeuré inébranlablement fidèle, nul ne saurait contester la haute valeur éducatrice de cet enseignement, dans lequel le maître, avec son érudition profonde, mais exempte de tout apprêt, se livrait véritablement tout entier. Aussi inspirait-il aux jeunes gens qui se pressaient à ses leçons le goût et parfois la passion de cette science économique si vivante, qui, d'abord timidement introduite dans l'enseignement officiel, a su rapidement conquérir la large place qui lui appartient, dans nos Sociétés modernes dominées par les conflits du capital et du travail.

Son action s'étendait bien au-delà de l'enceinte de la Faculté. Fondateur de la *Société d'Economie politique*, dont il fut longtemps le vice-président, et dont il resta jusqu'à la fin l'un des membres les plus actifs et les plus écoutés, conférencier de grand talent, écrivain et publiciste, P. Rougier a exercé, non seulement à Lyon, mais dans un rayon beaucoup plus vaste, par la parole et par la plume, une influence incontestable sur la formation de l'esprit public.

Le cadre restreint de cette étude ne nous permet point de passer en revue les multiples travaux consacrés par lui à toutes les questions d'actualité économique. Qu'il nous suffise de citer, parmi ses œuvres capitales, et qui resteront : ses deux ouvrages historiques sur les *Associations ouvrières* (Paris 1864), et sur l'*Economie politique à Lyon* (Lyon 1890) ; son *Traité de la Liberté commerciale* (Paris 1879) ; son étude sur les *Assurances populaires*, dans laquelle, devançant son époque (le livre est de 1868), l'auteur pressentait l'avenir et la haute portée sociale de cette forme supérieure de la prévoyance. Citons enfin son *Précis de législation et d'économie coloniales* (Paris, 1895), œuvre de maturité, dans laquelle le professeur, parvenu au seuil de la vieillesse, a su, l'un des premiers en France, formuler magistralement les principes de cette législation rationnelle, sans laquelle les efforts de la colonisation française, si justement en faveur aujourd'hui, risqueraient d'aboutir à un échec, humiliant pour notre patrie et ruineux pour notre budget.

Puissent ces quelques lignes, bien insuffisantes, et écrites sous le coup d'une émotion profonde, mettre suffisamment en lumière la belle et noble allure de cette vie entièrement consacrée à la science et au bien public, et donner à la famille de P. Rougier, à laquelle nous adressons l'expression personnelle de notre respectueuse sympathie, la juste impression du vide irréparable creusé dans nos rangs par la disparition d'un des maîtres les plus distingués, et les plus aimés, de l'Université lyonnaise.

Lyon, 7 novembre 1901. P. Pic.

Questions pratiques de Législation ouvrière et d'Economie sociale, Revue, Lyon-Paris, novembre 1901.

Samedi 9 novembre ont eu lieu, au milieu d'une affluence énorme, les funérailles de M. Paul Rougier, professeur à la Faculté de droit, dont la mort si imprévue a été pour tous les Lyonnais une douloureuse surprise. Le corps médical de notre ville, auquel il avait donné, pendant près d'un demi-siècle, tant de preuves d'affection et de dévouement, s'est associé à ce deuil public. Nous reproduisons les paroles prononcées sur la tombe de cet homme de bien, au nom de l'Association des médecins du Rhône, par M. Chappet père, son président...

Lyon Médical, n° du 17 novembre 1901.

L'année qui vient de s'écouler a enregistré un deuil cruel pour l'Association. Le 6 novembre 1901, M. le professeur Paul Rougier, fondateur de l'ancienne école de Droit du Palais, chargé du cours d'économie politique en 1875 à la Faculté de Droit de Lyon, s'éteignait dans sa 76e année.

L'Association a tenu à déposer un pieux et respectueux hommage sur la tombe du vieux maître qui n'avait jamais manifesté pour elle que des sympathies. Sa grande bienveillance, sa paternelle bonté avaient laissé dans nos cœurs un sillage attendri. En l'absence de notre président empêché, M. Francisque Regaud a prononcé sur la tombe du regretté professeur le discours suivant...

6° *Bulletin annuel de l'Association des Anciens Etudiants en droit de l'Université de Lyon.* — *1902.*

« ...Sur votre livre d'or tous les noms viennent s'inscrire. M. Rougier, professeur à la Faculté de droit de l'Etat, était aussi des vôtres. Ses devoirs de professeur et d'avocat occupé ne l'avaient pas empêché de se consacrer aux œuvres si utiles de mutualité. Son nom sur vos listes de membres honoraires était fait pour montrer que toutes les formes d'assistance matérielle et morale lui étaient également chères. M. Rougier a terminé par une mort édifiante, une vie chrétienne et toute d'honneur... »

Compte rendu annuel de la *Société des Hospitaliers-Veilleurs* de Lyon, par M. Jean Terrel, avocat, juin 1902.

Le Syndicat de l'Association des Médecins du Rhône doit rendre hommage à la mémoire de Me Paul Rougier, avocal, professeur à la Faculté de droit, qui, depuis la création du Syndicat, a été un conseiller toujours sûr et dévoué.

Dès 1881, nous trouvons le nom de Me Rougier associé à celui de son confrère Me Tavernier dans les pourparlers de l'Association d'où est sorti le Syndicat. Plus tard, il est peu d'années où nous ne trouvions dans nos comptes rendus la trace de son actif et utile concours. Ce concours s'est exercé spécialement pour la constitution légale et le mode de fonctionnement du Syndicat, pour la ligne de conduite à suivre dans les contestations d'honoraires, pour les faits se rattachant à l'exercice illégal de la médecine, pour la question de l'enregistrement des diplômes, pour divers sujets délicats de déontologie professionnelle.

M. le docteur Chappet, dans un discours reproduit au *Lyon médical*, a, sur la tombe de cet homme de bien qui fut mêlé à tant d'œuvres lyonnaises, fait ressortir tous les services rendus par lui dès la première heure à l'Association des Médecins du Rhône. Le Syndicat s'associe pleinement au deuil public et au juste hommage rendu par M. Chappet.

Dr AUBERT.

Bulletin du Syndicat de l'Association des Médecins du Rhône, 1er décembre 1901.

Paul Rougier avait dirigé de nombreuses sociétés de bienfaisance, donné sans compter sa collaboration à beaucoup d'autres; aussi les premières réunions de ces différentes sociétés, après ses funérailles, portent-elles dans leurs procès-verbaux, la trace des regrets unanimes et du vide profond que sa disparition causa dans ces œuvres.

On en jugera par les extraits suivants:

Discours de M. Gilardin

Vice Président de l'Œuvre

A l'ouverture de la Séance du Conseil d'administration du 23 novembre 1901

Messieurs, c'est avec une bien triste émotion que je viens aujourd'hui remplacer, dans ce fauteuil, notre cher et vénéré président, M. Rougier, dont la mort si subite nous a causé à tous une vive affliction. Sa perte a été douloureusement ressentie dans notre ville où il tenait une si grande place, et où il était si estimé et si aimé de tous. Aussi, ses funérailles ont eu lieu au milieu d'une affluence inusitée, et ont eu le caractère d'un véritable deuil public. De nombreux discours ont été prononcés sur sa tombe, au nom de tous les corps et de toutes les œuvres dont il faisait partie. M. le Recteur, M. le Doyen de la Faculté de Droit, M. le Président de l'Académie des Sciences, Belles-Lettres et Arts de Lyon, y ont retracé sa carrière si admirablement remplie d'avocat, de professeur de droit, d'académicien, et ses remarquables travaux. D'autres ont montré qu'il n'avait pas été moins grand par le cœur que par le travail intellectuel ; ils ont loué la part qu'il avait prise à l'organisation et à l'administration des Sociétés de Secours mutuels, et à la direction de nombreuses œuvres charitables, telles que la Société protectrice de l'enfance, et l'hospice des incurables de Saint-Alban, dont il était président.

Mais un hommage tout particulier lui était dû au nom de l'œuvre du Dispensaire général, à laquelle il appartenait depuis 25 ans et avait consacré tous ses soins et son dévouement. Une couronne a été portée à ses funérailles au nom de l'œuvre, et votre vice-président a prononcé un discours dont je dois, suivant l'usage, donner lecture à cette séance...

Nous venons vous prier de vouloir bien vous associer à tous ces témoignages d'estime et de reconnaissance publique en prenant une délibération spéciale pour exprimer tous les douloureux regrets que nous cause la mort de notre vénéré président et pour adresser toutes les profondes condoléances du Conseil à Mme Rougier et à sa famille.

Dans les Conseils des corps publics, il est d'usage, après une pareille perte, de lever la première séance en signe de deuil. Mais dans les conseils des œuvres de bienfaisance, on estime que le meilleur moyen d'honorer la mémoire des hommes de bien qui en ont fait partie, est d'imiter leurs exemples et de continuer avec plus de dévouement leur œuvre. Nous vous proposons donc de vous remettre de suite à l'examen des affaires importantes auxquelles notre cher président a travaillé jusqu'à sa dernière heure. Vous pouvez être assurés que votre vice-président ne faiblira pas à ce devoir et consacrera tous ses soins à l'œuvre pendant le temps de sa présidence intérimaire.

Bulletin médical et administratif du Dispensaire général de Lyon, n° du 15 décembre 1902.

Séance du 13 novembre 1901 de la Chambre Syndicale des Médecins du Rhône

M. le docteur Aubert, président, ouvre la séance en rendant un hommage ému et reconnaissant à la mémoire de Me Rougier, conseil judiciaire du Syndicat, qui vient de mourir après quelques heures seulement de maladie. Il rappelle les grands services que Me Rougier a rendus au Syndicat, surtout à sa période de formation, période difficile et incertaine ; il constate l'unanimité des regrets des nombreuses Sociétés auxquelles cet homme de bien s'intéressait, et dépose aux archives le numéro du *Moniteur Judiciaire* de Lyon, qui relate ses funérailles et les discours prononcés sur sa tombe.

Assemblée générale du 21 décembre 1901 de la Chambre syndicale des Médecins du Rhône. — extrait de l'allocution du Docteur Aubert, président.

En commençant, je tiens à saluer la mémoire de nos confrères disparus...

...M. Rougier, avocat et professeur à la Faculté de droit, était également de la famille médicale par son père et par son fils ; il fut notre guide et notre conseil judiciaire dès la première heure, guide toujours sûr et désintéressé. M. Rougier a passé sa vie à bien faire et à faire le bien ; il a été mêlé à quantité d'œuvres lyonnaises, au nombre desquelles l'Association et notre Syndicat qui en émane, ont été une de ses plus constantes préoccupations...

Bulletin du Syndicat médical du Rhône, n° de décembre 1901.

Le dimanche 6 avril 1902, à 4 h. 1/2 du soir, a eu lieu, rue Bossuet, n° 11, dans la Maison de famille, dirigée par les Sœurs de Marie-Auxiliatrice, l'Assemblée générale de la Société de secours mutuels des *Demoiselles employées dans le commerce* (229e).

Mgr Coullié, cardinal-archevêque de Lyon, présidait cette séance solennelle.

Son Eminence était assistée de M. l'abbé Chièze, curé de Saint-Pothin, de M. l'abbé Charlot, aumônier de la Maison de famille, de tous les membres du bureau et d'un grand nombre de membres honoraires

M. Emmanuel Perrin, président de la Société, a pris la parole en ces termes :

Discours de M. Perrin

Président de la 229e Société

Monseigneur,

C'est une maison en deuil qui reçoit en ce moment Votre Eminence. Il y a quelques semaines, nous apprenions la mort de M. Rougier. Depuis un quart de siècle, M. Rougier dirigeait notre Société de secours mutuels ; il l'avait fondée, et il en est resté la cheville ouvrière jusqu'à la fin de sa laborieuse et féconde carrière. On avait ici la douce habitude de l'aimer et de le consulter comme un père, si bien que sa fin n'a pas seulement jeté le trouble dans le fonctionnement des rouages essentiels de notre œuvre ; elle a brisé des liens de respectueuse affection, et Vous nous trouvez dans l'état de désarroi d'une famille brusquement privée de son chef.

Bien d'autres avec nous ont pleuré sa perte. Aussi Votre Eminence a tenu à s'associer à l'affliction générale, en présidant Elle-même aux funérailles de cet homme de bien. Elle a pu voir ainsi l'éclatant hommage rendu à sa mémoire par la cité tout entière. Hommes et femmes, religieux et laïques, riches et pauvres, suivaient le cortège funèbre ; les uns amenés par la reconnaissance, d'autres par l'amitié, tous par une profonde estime.

Une chose était particulièrement touchante dans ces témoignages de vénération : au domicile mortuaire, les petits-fils du défunt faisaient la garde d'honneur autour de son cercueil ; il semblait que ce poste leur eût été assigné, pour que, jusqu'à l'heure suprême de l'inhumation, leurs jeunes âmes, émues par ces démonstrations de la sympathie publique, pussent s'imprégner des exemples et des traditions de l'aïeul. Quel contraste entre ces visages d'enfants et le mort étendu sous le voile noir ! Jamais ne m'est apparue, d'une manière plus saisissante, cette admirable image par laquelle le poète nous montre le coureur, tombant épuisé sur l'arène et transmettant à des mains plus robustes le flambeau de la vie.

Bienheureux ceux qui, comme M. Rougier, peuvent transmettre du même coup le double flambeau de la vérité et de la charité !...

A la suite de cette allocution, la parole a été donnée à M. Mathey, trésorier. Il consacre à M. Rougier les paroles suivantes :

Discours de M. Mathey

Trésorier de la Société

...Avec quelle précision, avec quelle chaleur, notre regretté président, M. Rougier, savait vous dire ce que doit être une Société comme la vôtre et vous exposer ces devoirs de bonne confraternité qui sont le complément naturel de la mutualité.

Si grande a été son action dans votre Société que je crois répondre à vos désirs et à votre reconnaissance en vous parlant de sa vie si pleine, si riche et si chrétienne.

Dans une des réunions de cette Maison de famille, Son Eminence nous disait que la Providence prépare les hommes pour la mission qu'elle leur destine. Cette préparation fut vraiment visible chez M. Rougier qui était appelé à prendre une si grande place dans les œuvres sociales de notre ville. Il devait y apporter, avec l'autorité de connaissances spéciales, la force d'une puissante conviction et les générosités d'une âme ardente que les années n'ont pu refroidir.

Il y fut préparé dès le lycée par les cours de philosophie de M. l'abbé Noirot et surtout par les leçons particulières d'économie politique que cet éminent professeur donnait à quelques élèves d'élite. C'était alors une grande nouveauté que cet enseignement qui devait tourner vers l'étude des plus hautes questions de jeunes esprits distingués devenus plus tard l'honneur et l'appui des institutions sociales de Lyon.

A Paris, pendant son cours de droit, M. Rougier suivit aussi l'enseignement du célèbre économiste Bastiat. C'était vers 1848 ; les théories les plus aventureuses se résolvaient alors en expériences souvent dangereuses, qui constituaient elles-mêmes une instruction des plus suggestives. La jeunesse de cette époque avait des idées libérales ; M. Rougier eut même à prendre les armes pour la défense de l'ordre et il n'hésita point devant ce devoir extrême. Mais cette ardente jeunesse ne croyait pas que les idées libérales fussent incompatibles avec les fortes convictions religieuses. Les Montalembert, les Lacordaire, les Ozanam avaient suscité en elle une intensité de vie intellectuelle et religieuse vraiment admirable. La correspondance de M. Rougier avec sa famille et ses amis montre déjà le chrétien si ferme que vous avez connu. Membre de la Société O'Connel qui fut comme le prélude de celle de Saint-Vincent de Paul, il appartenait encore à celle des *Decem*, c'est-à-dire des Dix, qui groupait de jeunes étudiants pour le culte des lettres et pour l'amitié. Je ne résiste pas au désir de vous raconter un trait de sa charité où se retrouvent toute la simplicité et la décision de son caractère. Le fait a été raconté par un Religieux qui était alors son camarade d'école et j'en emprunte le récit à M. Beaune. « Un jour, dit ce Religieux, traversant avec lui une rue très fréquentée, il aperçut un misérable estropié, à la mine hâve, aux vêtements en guenilles, qui avait peine à se traîner. Il s'approche de lui, l'interroge et apprend que le malheureux n'avait pas mangé depuis la veille. Il consulte sa bourse, une bourse d'étudiant : elle est vide. Qu'à cela ne tienne, s'écrie-t-il, nous pouvons faire de la monnaie, chantons ! Et les deux amis entonnent un air d'opéra. La foule s'amasse, fait cercle ; une collecte est opérée et le produit est versé dans la main de l'affamé, qui cherche à remercier ses bienfaiteurs ; mais ils avaient disparu. »

De retour à Lyon, M. Rougier entrait dans le Barreau et écrivait son bel ouvrage sur les Associations ouvrières. La question de la mutualité y était traitée à fond. Dans quel esprit ? Il faut le laisser parler.

« Il importe, disait-il, que le sentiment religieux pénètre profondément les institutions fondées sur la mutualité. C'est la religion, c'est la charité et le dévouement qui, d'une Société d'assurance contre la maladie, peuvent faire une réunion de frères et d'amis, réaliser leur amélioration et imprimer à leur œuvre ce sceau de grandeur et de perpétuité qui manque presque toujours aux œuvres inspirées par les seuls calculs de l'intérêt matériel. »

Le livre de M. Rougier fut couronné par l'Académie des Sciences, Belles-Lettres et Arts de Lyon. Cet ouvrage le désignait pour la direction et le conseil dans les questions de mutualité. Aussi, de 1867 à 1898, c'est-à-dire pendant plus de 30 ans, il fut le Président de la 112e Société de Secours mutuels, celle des employés de commerce et d'administration. Fondateur, puis Président effectif ou honoraire du Comité des présidents des Sociétés de Secours mutuels de Lyon, il était le conseil judiciaire d'un grand nombre.

C'est en 1877 qu'il devint Président de la 229e et je crois qu'entre toutes, la nôtre lui était particulièrement chère. Ne réalise-t-elle pas plus complètement que toute autre, cette conception si élevée de la mutualité, telle que je vous l'exposais tout à l'heure dans la citation précédente ! Il y fut le conseiller le plus sûr, l'ami le plus constant, l'auxiliaire le plus actif des religieuses de Marie-Auxiliatrice. Avec quelle autorité et mieux encore avec quelle douce paternité, il vous traçait les devoirs des membres vis-à-vis de la Société, et les avantages de la confraternité qui doit vous unir !

Puis, lorsqu'une de vous se trouvait aux prises avec les difficultés de la vie pratique et qu'il était besoin d'un conseil en affaires, d'une démarche près des administrations ou de personnes utiles que vous ne pouviez pas ou n'osiez pas aborder, vous n'hésitiez pas à recourir à ses services. Vos timidités naturelles tombaient devant son accueil si sympathique, si paternel.

Votre confiance était absolue, tant de fois l'expérience l'avait justifiée.

Et pendant 25 ans, il mit ainsi à votre service son temps, sa connaissance du droit et ses relations de société. Vous lui en gardez, je le sais, votre plus reconnaissant souvenir.

Dans notre Assemblée générale de l'année dernière, notre vénéré Président s'inspirant, vous vous le rappelez, des prières liturgiques du jour en la fête de sainte Blandine, vous disait en termes éloquents la haute dignité de la jeune fille chrétienne. Puis, sur le témoignage d'un missionaire qu'il venait d'entendre, il constatait l'abaissement et la misère morale de la femme chez les peuples que l'Evangile n'a pas visités. S'élevant alors aux plus hautes considérations, il vous donnait, comme dans un discours suprême, la plus admirable instruction sur le caractère religieux de notre société et établissait la règle de commencer et de terminer nos Assemblées par la prière.

Tel fut pour nous M. Rougier. Je n'ai pas à vous dire ce qu'il était au Barreau, à l'Académie, à la Faculté de droit, au Dispensaire et à une foule d'œuvres auxquelles il donnait un concours toujours recherché. Il n'a probablement jamais pu se dire le soir qu'il avait perdu sa journée. Que notre faible hommage venu après tant d'autres plus retentissants, témoigne du moins de la gratitude des humbles à qui il donna une part de sa vie.

M. Rougier nous citait un jour une page de *L'Ouvrière*, de Jules Simon. L'auteur y déclarait que c'est la croyance en Dieu et au devoir qui donne le vrai courage et la persévérance infatigable et terminait par cette triste réflexion : « Nous craignons seulement qu'il n'y ait plus d'apôtres. »

Si M. Jules Simon eût été des nôtres, s'il avait pu entendre avec nous notre vénéré président, il aurait compris combien Dieu sait varier à l'infini le genre et le mode de l'apostolat. S'il avait vu en même temps le dévouement et l'affection que vous donnent les religieuses de cette maison, il n'aurait plus douté de l'action continuelle de la Providence. Et certainement il aurait dit alors : la génération des apôtres est éternelle.

Après cet intéressant exposé, Son Eminence le cardinal Couillé a daigné prendre la parole et s'est exprimée à peu près en ces termes:

Allocution de S. Em. le Cardinal Couillé

Je voudrais reprendre pour ainsi dire une à une, toutes les paroles si bonnes que je viens d'entendre. Oh ! comme il était juste que le souvenir de M. Rougier occupât une place importante dans cette Assemblée !... Tout ce qui a été dit de lui est d'une vérité parfaite, et ce qui doit résumer pour vous ce souvenir, c'est la grande leçon que nous laissent sa vie et sa mort, c'est de voir, mes chers enfants, à quel degré peut s'élever la puissance d'un homme franchement chrétien, dont la nature ferme et droite n'a jamais su perdre une ligne de la voie qu'il s'était tracée.

Il a commandé le respect, l'estime et la bonne affection par cette conduite irréprochable et si loyale, et je ne sais pas s'il arrive souvent, qu'à des funérailles, on rencontre cet ensemble d'assistants émus appartenant, non seulement à toutes les classes de la société, mais à toutes les opinions, à toutes les professions civiles, religieuses et autres ; Lyon était là tout entier.

Qu'il est donc beau, mes enfants, d'être ferme, énergique et droit ! et comme se réalisait pour lui cette parole : *Generatio rectorum benedicetur.* Il y a une bénédiction de Dieu pour toutes les âmes droites. Que ce soit là, pour vous, mes enfants, la grande leçon ; soyez braves, énergiques, ne bronchez pas dans la ligne du devoir, dans la ligne de la vertu, dans la ligne du sacrifice et du travail.

Oui, voilà je crois, le grand enseignement qu'il faut recueillir de ce souvenir, et je vous remercie, M. le Président, M. le Trésorier, d'avoir donné à cette mémoire tout ce que le cœur peut inspirer de respect, de sympathie et de condoléance.

Dans le rapport qu'il a présenté à l'Assemblée générale du Barreau de Lyon, le 10 juillet dernier, M. le bâtonnier Jacquier a rappelé, en termes éloquents et émus, les noms des avocats que la mort a frappés durant l'année judiciaire 1901-1902.

Discours de M. le bâtonnier Jacquier

...Et maintenant, mes chers confrères, je dois avant de finir, saluer en votre nom, la mémoire de ceux que pendant le cours de cette année, la mort a frappés. Ils sont au nombre de trois et leurs noms sont sur toutes vos lèvres...

...A quelques jours de là, un nouveau deuil nous était réservé, dont la promptitude nous a étrangement attristés et surpris.

Malgré ses trois quarts de siècle révolus, en effet, Me Rougier était resté si jeune, il portait encore sa belle tête si droite et son âme si ferme que nous ne pouvions nous faire à l'idée qu'il fût un de nos doyens et que, dans le jour même où nous fêtions sa cinquantaine, tout en lui nous laissait la rare illusion d'une jeunesse prolongée et de lendemains assurés.

Quelques jours ont suffi, en dépit des efforts de la science et de l'affection, pour abattre sa robuste santé et le 9 novembre, nous avions, à la tête d'un immense cortège, le vif regret d'accompagner à sa demeure dernière, celui qui, pendant près de 52 ans, était resté des nôtres.

Quelques-uns se sont étonnés que, rattachés à lui par des liens si anciens et si étroits, nous soyons restés muets sur sa tombe. On se tromperait, et les siens le savent bien, si on prenait ce silence pour de l'indifférence. C'est une règle chez nous, que pour les bâtonniers seuls l'oraison funèbre est admise, et c'est pourquoi chaque année, à pareil jour, nous acquittons envers nos morts dans l'intimité d'une réunion familiale, la dette que je paye à cette heure. Pour être moins bruyants, nos regrets n'en sont pas moins sincères et nos souvenirs moins fidèles.

Pour Mᵉ Rougier, la séparation nous a été particulièrement cruelle, il nous appartenait depuis 1850 et figurait au grand tableau depuis 1854. Appelé en 1871 au conseil par les suffrages de ses confrères, il y est resté cinq ans. J'ajoute que jusqu'au dernier jour, il était demeuré fidèle à la barre dont il fut longtemps un des avocats écoutés et où, jusqu'à la fin aussi, sa science approfondie du droit, son expérience des affaires et par dessus tout sa haute loyauté lui valurent une exceptionnelle estime.

Issu d'une vieille famille lyonnaise qui s'honore d'avoir donné des échevins à la cité, et dont les traditions continuent à être noblement portées, Rougier était entré au Barreau à l'heure privilégiée où une pléiade d'avocats illustres jetaient sur lui un incomparable éclat, Sauzet, Perras, Humblot, Magneval, Vincent de Saint-Bonnet avaient été ses maîtres ; ils n'avaient pas tardé à l'admettre dans leur amitié. On peut dire qu'il fut le trait-d'union entre leur génération et la nôtre. Il aimait à en parler ; nous aimions à l'entendre parler et à revivre par lui ces beaux jours de l'éloquence lyonnaise.

Aussi bien la barre ne fut pas le seul théâtre de ses efforts et de ses succès. D'une infatigable activité, il serait difficile d'énumérer les œuvres de toute nature auxquelles sans compter, jusqu'à son dernier jour, il donna de lui-même : œuvres intellectuelles et littéraires, œuvres d'assistance et de philanthropie, œuvres de préservation et de relèvement, œuvres économiques et mutualistes, œuvres chrétiennes et charitables surtout. Il serait difficile aussi d'énumérer les Sociétés qui s'honorèrent à la fois de le compter pour membre et que pour la plupart il présida : l'Académie de Lyon, la Société d'Economie politique, l'Ecole du Palais qui devait exercer sur le développement de l'Enseignement Supérieur dans notre ville, une si rapide et si décisive influence. Chose digne de remarque, cet homme qui se dépensait ainsi en paroles et en actions, trouvait encore le temps d'écrire, et d'écrire des œuvres durables. Qu'il me suffise de citer son beau livre sur les *Associations ouvrières*, son traité de la *Liberté commerciale*, son précis de *Législation et Economie coloniale*. Je ne saurais, dans cet ordre de souvenirs, oublier la part prépondérante qu'il prit à la création et au développement de nos deux recueils judiciaires locaux.

Disciple de J.-B. Say et de Michel Chevallier, il prit une part active au réveil des études économiques dans notre région et au mouvement libre-échangiste dont elle fut le foyer. Je n'en finirais pas non plus, si je voulais rappeler les distinctions flatteuses qui, à maintes reprises et sous les formes les plus diverses, couronnèrent ses efforts. Je me contenterai de rappeler dans quelles conditions, particulièrement honorables, le ruban de la Légion d'honneur vint, aux applaudissements de tous, fleurir sa boutonnière et récompenser la longue série de ses efforts et de ses travaux.

Quelle qu'ait pu être la multiplicité des domaines dans lesquels il a porté son activité, on peut dire que le Barreau demeura le centre de sa vie et qu'il lui garda ses meilleures prédilections. Comment en eût-il été autrement ? Au Barreau, non seulement il ne comptait que des amis, mais surtout il se sentait revivre en deux générations de confrères qui le continuent au milieu de nous et qui me pardonneront si je parle en termes insuffisants de celui que j'aurais voulu louer d'une façon digne de lui ; car je l'ai, moi aussi, profondément estimé et sincèrement aimé. Aimé : c'est que Paul Rougier n'était pas seulement une parole et une plume, c'était une âme. Ame élevée et droite, passionnée de devoirs, ouverte à tous les enthousiasmes, capable de tous les dévouements ; âme indépendante et fière qu'indignait toute atteinte à la justice et à la liberté, dédaigneuse des habiletés qui trop souvent ne préparent le succès qu'aux dépens de l'honneur, incapable de ces compromissions faciles qui ne cachent le plus souvent que d'inavouables capitulations ; âme religieuse et croyante, dont la foi tolérante pour tous, fut la consolation de ses jours derniers, comme elle avait été pendant sa patriarcale carrière l'honneur et la force de sa vie. « L'homme, aimait-il répéter après le P. Lacordaire, ne doit compter ni marchander ses efforts, puisque s'il a des lassitudes dans le temps, au delà du temps, pour se reposer, il a l'infini. »

Tout a été dit de lui, dans les allocutions nombreuses qui, comme autant de couronnes, ont enguirlandé sa tombe. En sa personne, des voix autorisées ont loué, tour à tour, le professeur, l'académicien, le mutualiste, l'écrivain, le chrétien. Pour nous, mes chers confrères, c'est à l'avocat que, en votre nom à tous, j'envoie l'expression émue de notre respect et de notre affection : il honora notre Ordre, notre Ordre toujours honorera sa mémoire.

Le Moniteur Judiciaire, Journal de Lyon,
n° du 20-21 Juillet 1902.

Dans la séance de rentrée de la Faculté de Droit de Lyon, le 3 novembre 1902, M. le Doyen Caillemer s'est exprimé ainsi :

Discours de M. le Doyen Caillemer

...En 1901, à pareil jour, une place était vide dans nos rangs. Un malaise, sans gravité apparente, avait empêché M. Rougier de venir, suivant sa coutume, applaudir aux succès de ses élèves ; mais nous n'étions pas inquiets. L'absent était bien notre doyen d'âge ; il avait même notablement dépassé l'époque ordinaire de la retraite. Mais il portait si allègrement ses soixante-quinze ans, que nul ne s'étonnait de le voir toujours en exercice. Nous pensions tous qu'il remonterait bientôt dans sa chaire, qu'il avait voulu seulement ménager ses forces pour reprendre plus rapidement son cours.

Hélas ! il était mortellement frappé, et, moins de huit jours plus tard, nous l'avons conduit au lieu de l'éternel repos.

La vie de M. Paul Rougier a été brièvement racontée dans les discours prononcés près de sa tombe. Je ne veux pas reproduire ici tout ce qui a été dit. Je me borne à rappeler que notre regretté collègue était un de ces hommes, tout à la fois laborieux et charitables, dont la vie se partage presque également entre le travail et la bienfaisance.

Laborieux, il l'a été jusqu'à son dernier jour. Son ardeur au travail ne s'est jamais ralentie. Pas un instant, il ne s'est arrêté dans l'accomplissement des multiples devoirs qu'il avait acceptés.

Mais il fut aussi bienfaisant, pensant toujours, en cherchant des remèdes, aux misères qu'il avait l'occasion d'observer, à la maladie, au vice, à l'indigence.

L'activité de sa participation à toutes les œuvres de prévoyance et d'hygiène sociale a été attestée, pendant sa vie, par les nombreuses présidences de sociétés dont il était investi et qui lui ont été fidèlement continuées. Elle a été affirmée mieux encore, le jour de ses funérailles, par l'affluence insolite autour de son cercueil de ceux qu'il avait dirigés ou qu'il avait secourus. Et leur nombre serait allé grandissant encore, si sa vie se fût prolongée. Je ne peux oublier, pour ma part, que sa dernière visite a été inspirée par le désir de me faire connaître une œuvre nouvelle et d'obtenir mon suffrage en faveur de la fondatrice d'un nouveau Syndicat, femme d'un grand cœur, qui a la généreuse ambition de donner à une masse de jeunes ouvrières de notre ville, en même temps qu'un enseignement professionnel lucratif, une haute culture morale et intellectuelle. L'Académie de Lyon a pieusement accueilli et réalisé la suprême pensée de notre collègue.

La récompense de M. Rougier était dans le bonheur intime dont il jouissait, dans ce bonheur sur lequel je ne veux pas insister, par égard pour des douleurs inconsolables, mais qui rayonnait autour de lui. Son existence a été heureuse parce qu'il était aimant et parce qu'il était aimé.

Les plus anciens d'entre vous, Messieurs et chers Elèves, n'ont certainement pas oublié le sourire de bienvenue qui accueillait, chaque année, ses nouveaux disciples, son abord cordial, ses encouragements, sa bienveillance particulière pour les assidus et les travailleurs, bienveillance si paternelle qu'elle était presque la garantie du succès dans les examens.

La Faculté tout entière a vivement ressenti la perte

de M. Rougier. Avec lui, les conflits n'étaient pas à craindre, car on le savait enclin, non seulement à l'affection, mais encore, le cas échéant, à la conciliation et à l'apaisement. Il a été un bon, un excellent collègue. Aussi, est-ce d'un cœur reconnaissant que je lui rends, en ce jour, un dernier hommage...

BIBLIOGRAPHIE des PUBLICATIONS de P. ROUGIER

1852. *Du Prêt à intérêt et de l'usure.* (Thèse de Doctorat, in-8°, 136 p., Dijon, 1852, Loireau-Feuchot, imprimeur).

1858. *Résumé général de la jurisprudence de la Cour d'appel de Lyon*, sur les principales matières du droit, depuis le commencement du siècle jusqu'en 1858 inclusivement, in-8° de 775 p., Paris, Cosse et Chantral, 1858.

1864. *Les Associations ouvrières, leur passé, leur présent, leurs conditions de progrès*, in-8° de 467 p., Paris, Guillaumin, 1864. (Ouvrage couronné par l'Académie des sciences, arts et belles-lettres de Lyon.)

— *Du taux et du reçouvrement des honoraires médicaux.* (Deux rapports présentés à l'association des médecins du Rhône, et publiés par elle, in-8°, 30 p., Lyon, A. Vingtrinier, imprim., 1864.)

1866. *De la Création à Lyon d'une Société d'étude et d'encouragement des institutions de prévoyance*, broch. in-8°, Lyon, 1866, P. Mougin-Rusand, imp.

— Études publiées dans le *Bulletin annuel de la Société d'encouragement des institutions de prévoyance :*

— 1° *De l'Admission des femmes dans les Sociétés de Secours mutuels*, in-8°, 36 p., 1866, Mougin-Rusand, imp.

1866. 2° *Les Associations lyonnaises de Secours mutuels pour les commis et employés*, in-8°, 8 p., 1866.

— 3° *Des Rapports des Sociétés de Secours mutuels avec l'Etat et avec la bienfaisance publique ou privée*, in-8, 26 p., 1866.

— 4° *Du rôle des Sociétés de Secours mutuels dans la protection due à l'enfance*, in-8°, 14 p., 1866.

1866. 5° *Rapport sur les travaux de la Société d'étude et d'encouragement des institutions de prévoyance pendant les années* 1866 et 1867, in-8°, 17 p., 1868.

1868. *Des Assurances populaires ou petites assurances sur la vie.* Commentaire de la loi du 11 juillet 1868 sur les assurances en cas de décès ou d'accidents, in-8°, 143 p., Paris. Guillaumin, 1868.

1869. *Les Marchés à terme et leur liquidation.* (Mémoire gr. in-8°, de 80 p., 1869, Bellon, imprim. Publié par la Compagnie des agents de change de Lyon avec une lettre du syndic et une approbation de la Chambre syndicale des agents de change de Paris.)

1871. *Rapport sur le programme des Ecoles primaires municipales*, in-8°, 40 p., 1871, Vingtrinier, imprim. Publié par la Société nationale d'éducation.

1872-1873. *L'Enseignement du droit.* (Rapports sur les cours libres de droit institués au Palais de Justice à Lyon, premier rapport, 1872, in-8°, 30 p. ; deuxième rapport, 1873, in-8°, 22 p., Mougin-Rusand, impr.)

— *Un projet de Caisse de retraite avec rentes viagères progressives*, broch., in-8°, 19 p., 1873, Mougin-Rusand, impr. (Rapport présenté à l'Académie des sciences, arts et belles-lettres de Lyon.)

1874. *De l'enseignement religieux dans les écoles primaires*, in-8°, 42 p., Lyon, 1874, Mougin-Rusand, impr. (Deuxième rapport publié par la société nationale d'Education.)

— *Les Devoirs des classes supérieures.* (Discours de réception à l'Académie des sciences, arts et belles lettres de Lyon, in-8°, 43 p., Mougin-Rusand, impr.)

— *Aperçu historique sur l'enseignement du droit à Lyon*, broch., in-8°, Lyon, 1874, 32 p., Mougin-Rusand, impr.

1875. *Les Invalides du travail à Lyon*, Vieillards et incurables, broch. in-8°, 69 p., Lyon, 1875, Mougin-Rusand, impr. (Etude publiée par le Comité général des Présidents des Sociétés de secours mutuels du Rhône.)

1875. *L'Esprit d'association au moyen âge*, broch. in-8° de 12 p., 1875, Lyon, Association typographique. (Extrait des Mémoires de l'Académie de Lyon).

— *Le Présidial de Bourg et le Bailliage de Bresse*, Broch, in-8° de 19 p., 1875. (Rapport présenté à l'Académie de Lyon.)

— *Discours prononcé aux funérailles du Dr Monfalcon*, historien et bibliothécaire de la ville de Lyon, au nom de l'Académie de Lyon, suivi d'une notice bibliographique, in-8°, 16 p. Lyon, 1875. A. Vingtrinier, imprimeur.

1877. *De l'Amortissement*, broch. in-8°, 30 p. Lyon, 1877, Mougin-Rusand, impr. (Extrait du volume annuel de la Société d'économie politique de Lyon.)

— *Le Régime des admissions temporaires*, broch. in-8°, 14 p. (Extrait du volume annuel de la Société d'Economie politique; année 1877.)

1878. *Etude sur la Société de Secours mutuels des jeunes filles employées de commerce*, br. in-8°, 12 p. Lyon, 1878, Mougin-Rusand, impr.

— *L'unification monétaire devant l'Exposition de 1878*, in-8°. Lyon, 1878. (Extrait du volume annuel de la Société d'Economie politique, Mougin-Rusand, impr.)

— *La Liberté commerciale, les douanes et les traités de commerce*, 1 vol. in-8°, 746 p. Paris, 1878, Guillaumin.

— *Rapport sur les prix accordés par la Société d'Economie politique*, broch. in-8°, 12 p. (Extrait du volume annuel de la Société d'Economie politique, 1878.)

1879. *Les Industries du Rhône et de la Loire*, devant la Commission du tarif des Douanes, br. in-8°, de 15 p. (Extrait des Mémoires de l'Académie. Lyon, 1879.)

— *Les Conditions du travail en France et les Syndicats professionnels*. Etude sur le rapport présenté à l'Assemblée nationale par M. Ducarre, député du Rhône. (Extrait des Mémoires de l'Académie de Lyon, in-8°, 31 p., 1879.)

1880. *Rapport sur les travaux inspirés par la Société d'Economie politique de Lyon.* (Extrait du volume annuel de la Société, 1858, pp. 7 à 15.)

1881. *De l'Assistance à domicile*, broch. in-8, 30 p. (Extrait du volume annuel de la Société d'économie politique de Lyon, 1881, Mougin-Rusand, impr.)

— *L'Œuvre du Dispensaire général de Lyon*, traitement des malades indigents à domicile. (Compte rendu de dix années, broch. in-8°, de 41 p., Lyon, 1881, Mougin-Rusand. impr.).

1882. *Les Réformes proposées sur les opérations de Bourse*, broch. in-8°, de 53 p. (Extrait du volume annuel de la Société d'économie politique, année 1882, Mougin-Rusand. impr.)

— *Discours prononcés au nom de l'Académie de Lyon, aux funérailles de M. Humblot*, conseiller honoraire à la Cour d'appel, ancien bâtonnier, 1882. (Extrait des Mémoires de l'Académie).

— *Rapport à la Faculté de droit de Lyon sur les concours de l'année scolaire 1881-1882*, in-8°, 45 p., Pitrat aîné, impr.

1883. *Discours prononcé au nom de l'Académie aux funérailles de M. Ducarre*, ancien député. (Extrait des Mémoires de l'Académie, 1833, Ass. typ.)

— *Discours prononcé au nom de l'Académie de Lyon, aux funérailles de Jean Tisseur*, secrétaire de la Chambre de commerce, 1883. (Extrait des Mémoires de l'Academie.)

— *Discours prononcé au nom de l'Académie de Lyon aux funérailles de Victor de Laprade.* (Extrait des Mémoires de l'Académie, 1883.)

1884. *Discours prononcé, au nom de l'Académie de Lyon, aux funérailles de Marie-Antoine Chenavard*, correspondant de l'Institut, 1884. (Extrait des Mémoires de l'Académie.)

— *Compte rendu des travaux de l'Académie des sciences, belles-lettres et arts de Lyon*, pendant l'année 1883, in-8°, 22 p., Lyon, 1884. (Extrait des Mémoires de l'Académie.)

1884. *Le Comité général des Sociétés de secours mutuels du Rhône;* son origine, son but, ses résultats, broch. in-8°, 30 p., Lyon, 1884. (Extrait des Mémoires de l'Académie.)

— *La question des théâtres* (censure, droit des pauvres, subventions, réglementation), broch. in-8°, 30 p. (Extrait de l'Annuaire de la Société d'Economie politique de Lyon, 1884, Bonnardel, impr.).

1886. *Les Idées nouvelles en Economie politique.* (Mémoires de l'Académie de Lyon, classe des lettres, t. XXI, 1885, pp. 309 à 365).

— *Fondation de bienfaisance Lombard de Buffières.* (Extrait des Mémoires de l'Académie de Lyon, 1885).

— *Les Sociétés coopératives*, rapport présenté à la Société d'Economie politique de Lyon.

— *Le Projet de loi sur les Sociétés par actions*, rapport présenté à la Société d'Economie politique de Lyon.

1887. Le Projet de loi sur les Sociétés de secours mutuels. (Etude publiée dans la *Prévoyance mutuelle*, numéros des 1er et 15 juillet 1887).

— *L'Assistance à domicile*, gr. in-8°, Paris, 1887, Guillaumin.

1888. *L'Assistance des indigents à domicile*, Paris, 1888, in-8°, 68 p.

1889. L'impôt sur le revenu, dans le *Bulletin annuel de la Société d'Economie politique de Lyon*, 1889, p. 21.

— Nouvel examen de la balance du commerce; *id.* p. 103.

— Rapport au Congrès national des Sociétés de secours mutuels sur les conditions fondamentales des Sociétés, etc., dans la *Revue des institutions de prévoyance*, 14 juin 1889.

— Rapport général sur le Congrès des Sociétés de secours mutuels aux Sociétés lyonnaises, dans la *Prévoyance mutuelle* du 16 août 1889.

1889\. *Les Sociétés de secours mutuels du Rhône*, étude sur leur situation, d'après les derniers documents officiels; Lyon, 1889, in-8°, 48 p.

— *Les Sociétés de secours mutuels du Rhône*, leur situation, les réformes qu'elles ont à réaliser, in-8°, 1889, Lyon.

— Deux rapports au Congrès national de Paris, lors de l'Exposition de 1889, dans la *Revue des institutions de prévoyance et de mutualité*, de M. Hippolyte Maze.

1891\. *L'Economie politique à Lyon*, 1750 à 1890; Paris, 1891, in-8°, 318 p.

— Comptes rendus critiques des ouvrages de M. de Coston sur l'Office du juge en matière de ventes judiciaires d'immeubles, et de M. Pradier-Fodéré sur le Droit international public européen et américain. (*Moniteur judiciaire de Lyon*, 27 avril et 30 avril 1891).

1893\. *Les Femmes dans les Sociétés de secours mutuels*, Lyon, 1893, in-8°, 80 p.

— *Rapport à l'Académie des sciences, belles-lettres et arts de Lyon, sur la fondation Chazière :* Le sanatorium de Giens; le patronage des libérés et l'asile Saint-Léonard, Lyon, 1893.

— *Les Grandes Compagnies de colonisation*; rapport à la Société d'économie politique de Lyon.

— Le projet de loi sur les Sociétés de secours mutuels. (*Moniteur judiciaire*, 29 août 1893).

1894\. *Précis de législation et d'économie coloniales*, Paris, 1894, in-18, 536 p.

— *Rapport sur les prix de vertu*. (Fondation Clément Livet), décernés par l'Académie de Lyon en 1893, Lyon, in-8°, 12 p.

1895\. *Les Sociétés de secours mutuels devant le Parlement*; Conférence faite à Saint-Chamond, le 26 mai 1895, à l'occasion des fêtes de la Mutualité, Lyon, 1895, in-8°, 31 p.

1895. *L'Algérie devant le Sénat;* Conférence faite le 7 décembre 1894, devant la Société d'économie politique et d'économie sociale de Lyon, Lyon, 1895, 31 p.

1896. *L'Economie sociale de l'enfance* devant le Congrès national d'assistance de Lyon, Paris, 1896, in-8°, 87 p.

— Les enfants et les femmes dans les Sociétés de secours mutuels: (Etudes publiées dans le *Mutualiste lyonnais*, 1er sept. et 1er oct. 1896).

1898. Les employés de commerce et les patentes des grands magasins. (*Mutualiste*, 25 avril 1898.)

— La loi des 1er et 5 avril 1898 sur les Sociétés de secours mutuels. (*Mutualiste*, 25 mai 1898.)

— Législation douanière de la Tunisie. (*Moniteur Judiciaire*, 22 octobre 1898.)

— Discours prononcé à la réception, par le bâtonnier, de l'Ordre des avocats. (*Moniteur Judiciaire*, 31 décembre 1897.)

— *Académie des sciences, belles-lettres et arts de Lyon; Fondation Jean Chazière;* Rapport sur les prix décernés en 1898, Lyon, in-8°.

— *Livre d'Or de la 112e Société de secours mutuels*, 1848-1898, Lyon, 1898, in-12, 79 p.

1898. De l'attribution aux Sociétés de secours mutuels d'une part dans le produit des successions vacantes. (*Mutualiste lyonnais*, du 25 décembre 1898.)

1899. *Le Budget colonial de la France*; in-8°, 47 p. (Extrait du compte rendu annuel de la Société d'Economie politique de Lyon, 1899.)

— *Documents inédits sur une mission spéciale remplie à Lyon auprès du premier Consul*, les 26 nivôse et 2 pluviôse an X, par des délégués de Bordeaux, in-8°, 16 p. (Extrait des Mémoires de l'Académie de Lyon.)

— Le livret individuel de pension de retraite dans les Sociétés de secours mutuels. (*Mutualiste lyonnais*, des 25 mars et 10 avril 1899.)

1899. La participation de l'ouvrier et de l'employé aux bénéfices de l'entreprise. (*Mutualiste lyonnais*, des 10 juin et 25 juillet 1899.)

— *Rapport à l'Académie de Lyon sur le concours pour le prix Louis Dupasquier* (peinture), décembre 1899.

1900. *Barreau de Lyon; Discours prononcé à l'occasion de la cinquantaine professionnelle de M. Rougier, avocat*, les 30 décembre 1899 et 10 février 1900, Lyon, in-8°, 26 p.

1900. *Rapport sur les travaux de l'Académie de Lyon* (3e section) de 1700 à 1900 (philosophie morale, jurisprudence, économie politique); Lyon, 1900, in-8°.

— Le service des retraites dans les Sociétés de secours mutuels, d'après la loi du 1er avril 1898. (*Mutualiste lyonnais*, 10 juin 1900).

— Rapports entre la mutualité et la corporation. (*Mutualiste lyonnais*, 25 août 1900.)

— L'assurance contre le chômage involontaire. (*Mutualiste lyonnais*, 10 octobre 1900.)

— Notice sur la vie et les travaux de M. l'abbé Guinand, doyen honoraire de la Faculté de théologie de Lyon, Membre émérite de l'Académie, lue à la séance du 31 août 1900.

PUBLICATIONS ET ARTICLES

Parus dans le Bulletin Médical et Administratif du Dispensaire Général de Lyon.

1890. Le Bulletin médical et administratif du Dispensaire général.
— Articles nécrologiques de MM. les Drs Molière et Cauvet.
— Le Névropate et l'Aliéné indigent, ouverture d'une clinique des maladies nerveuses au Dispensaire.
— De la Dépopulation en France.
— De l'Assurance entre médecins en cas de maladies ou d'infirmités.

1891. La Société Lyonnaise pour le sauvetage des enfants moralement abandonnés et l'Ecole d'apprentissage de Brignais.
— Le Bureau de bienfaisance de Lyon.

1892. Aperçu général des secours donnés pendant le Dispensaire
— Les Origines du Dispensaire général de Lyon.
— Observations sur le mouvement financier du Dispensaire.
— Notice nécrologique sur MM. Onofrio et baron Vitta, administrateurs du Dispensaire.
— Cours pratique d'obstétrique professé au Dispensaire.

1893. Des secours à domicile.
— Discours aux funérailles du Dr Emile Blanc.

1894. Article nécrologique sur le Dr Diday.
— Les pharmacies des établissements hospitaliers.

1895. Les cinq dernières années du Dispensaire.
— Nécrologie de MM. Antoine Molière, Adrien Gourd, F. Gillet, Mathevon.

1895. De l'Assistance médicale donnée aux femmes dans les Sociétés de secours mutuels.

— Participation du Dispensaire général à l'exécution de la loi du 15 juillet 1893 concernant l'assistance des indigents malades.

1896. Nécrologie : M. Rosset, M. le Dr Desgranges.

1897. Le Dr Desgranges : Son rôle vis-à-vis des Sociétés de secours mutuels.

— Discours pour l'installation du buste de Diday.

1898. Nécrologie : Le Dr Humbert Molière, M. Paul Giraud, administrateurs du Dispensaire.

1900. L'Alcoolisme et les Sociétés de secours mutuels.

TABLE

PROCÈS-VERBAUX DE DIFFÉRENTES ŒUVRES DE BIENFAISANCE

Imprimerie Mougin-Rusand, Waltener & Cie, sucrs, rue Stella, 3, Lyon

www.ingramcontent.com/pod-product-compliance
Ingram Content Group UK Ltd.
Pitfield, Milton Keynes, MK11 3LW, UK
UKHW020307220726
13923UKWH00003B/1024

9 782329 091037